# 왜 지금 품격인가

# 왜 지금 품격인가

| | | | |
|---|---|---|---|
| 발행일 | 2018년 2월 16일 | | |
| 지은이 | 유 경 자 | | |
| 펴낸이 | 손 형 국 | | |
| 펴낸곳 | (주)북랩 | | |
| 편집인 | 선일영 | 편집 | 오경진, 권혁신, 최예은, 최승헌 |
| 디자인 | 이현수, 김민하, 한수희, 김윤주, 허지혜 | 제작 | 박기성, 황동현, 구성우, 정성배 |
| 마케팅 | 김회란, 박진관, 유한호 | | |
| 출판등록 | 2004. 12. 1(제2012-000051호) | | |
| 주소 | 서울시 금천구 가산디지털 1로 168, 우림라이온스밸리 B동 B113, 114호 | | |
| 홈페이지 | www.book.co.kr | | |
| 전화번호 | (02)2026-5777 | 팩스 | (02)2026-5747 |

ISBN    979-11-5987-965-4 03100 (종이책)    979-11-5987-966-1 05100 (전자책)

이 도서의 국립중앙도서관 출판예정도서목록(CIP)은 서지정보유통지원시스템 홈페이지(http://seoji.nl.go.kr)와
국가자료공동목록시스템(http://www.nl.go.kr/kolisnet)에서 이용하실 수 있습니다.
(CIP제어번호 : CIP2018004655)

---

**(주)북랩** 성공출판의 파트너

북랩 홈페이지와 패밀리 사이트에서 다양한 출판 솔루션을 만나 보세요!

**홈페이지** book.co.kr  •  **블로그** blog.naver.com/essaybook  •  **원고모집** book@book.co.kr

선진 7개국에 진입했지만
개인은 여전히 불행한
대한민국에 대한 이유 있는 제안

# 왜 지금 품격인가

유경자 지음

북랩 book Lab

무분별한 행동과 무책임한 정신이 한국을 망치고 있다. 지금 한국 사회에 가장 필요한 것은 다름 아닌 바로, 품격이다.

2002년 일본 나고야의 한 대학에서 객원교수로 있을 때, 노벨 문학상 수상자인 오에 겐자부로(大江健三郎)의 강연을 들으러 간 적이 있다. 인간의 존엄성(dignity)을 주제로 한 강연이었는데, 톨스토이의『전쟁과 평화』, 도스토옙스키의『죄와 벌』등 고전 속의 등장인물들을 예로 들어 이야기했다. 내가 품격에 대해 관심을 가지게 된 계기가 아마 이때였던 것 같다.

디그니티(dignity)를 주제로 강연했던 그는 자신의 저서『애매한 일본의 나(あいまいな日本の私)』(1995, 필자 역)에서 '디센트(decent)'라는 말을 좋아한다며, 이 말의 뜻을 품위, 관용이라고 풀이했다. 디센트는 형용사이고, 명사로는 디센시(decency)라고 한다. 내가 생각

하는 품격이란 디그니티보다 디센시에 가까운 의미인 것 같다.

일본에서는 과거 후지와라 마사히코(藤原正彦) 교수가 쓴 『국가의 품격(国家の品格)』(2005)이라는 책이 밀리언셀러를 기록하며 사회적으로 큰 반향을 일으켰다. 이후 『대통령의 품격』, 『회사의 품격』, 『부모의 품격』 등, '품격'의 붐에 편승한 관련 책들이 줄지어 출판되며 이른바 '품격의 시대'를 열었다. 내 책장에만 해도 그 당시 구입한 '품격'에 관한 책들이 열 권이 넘으니, 당시 일본 사회에서 '품격'이란 단어가 얼마나 큰 이슈였는지 짐작될 것이다.

과연 『국가의 품격』이란 책의 어떤 부분이 이토록 일본인들의 공감을 얻게 되었을까? 저자는 세계화(Globalism)라는 이름으로 일본 전통의 정서와 정신마저 미국화되는 현실을 비판하며, 무사도 정신을 비롯한 일본 본래의 모습이 곧 일본의 품격이라고 주장한다. 그의 주장대로 그 나라 본래의 모습이 곧 나라의 품격이라면, 우리 한국의 본래 모습은 과연 무엇일까? 일본에는 '무사도'가 있고, 유럽에는 '기사도'가 있는데, 우리는 어떠한가? 한국은 전 세계에서 유일하게 유교 정신이 남아 있는 국가로서, 우리에겐 바로 '선비 정신'이 있다. 하지만 한국, 하면 곧장 선비 정신이 떠오를지는 의문이다.

세계화라는 명분으로 '미국화'에 빠져 있는 것은 비단 일본만의 문제가 아니다. 우리의 고유 정서와 유교 정신이 일본 식민지 시대에서부터 군사정권을 거쳐 조금씩 상실되어 오다가, IMF 때에 이르러 낭떠러지로 떨어져 내리듯 내버려진 게 아닐까? 개혁이 곧 개선과 동일시되어 우리의 미풍양속을 버리고 개혁으로 내달린 것이다. 경제 개혁의 기둥이 된 시장원리를 비롯해 멈출 줄 모르는 미국화는 경제를 넘어 사회, 문화, 국민성에까지 깊은 영향을 주었다.

IMF 경제위기 이후 줄곧 경쟁과 효율, 이윤 추구라는 시장 논리가 전 사회로 확산되었지만, 국민들의 삶은 애석하게도 나아지지 않았다. OECD 국가 중 자살률 1위, 저출산율 1위, 행복지수는 바닥, 그리고 여기에 덧붙여 소득 불평등은 미국에 이어 2위⋯. 살기도 싫고 아이 낳기도 싫은 나라가 되어 버린 것이다. 지금이야말로 우리 사회가 '품격'에 대해 진지하게 고민해 봐야 할 시기가 온 것은 아닐까?

그렇다면 과연 품격이란 무엇인가? 개인의 품격이란 무엇이며, 교육의 품격, 나아가 국가의 품격이란 무엇인가? 이 글을 쓰고 있는 나조차도 품격 있는 삶을 살고 있는지 확신할 순 없다. 그러나 이 책을 통해 품격에 대해 함께 고민해 보고 조금이라도 그 해답에 다가갈 수 있다면 더할 나위 없을 것이다.

# 차 / 례

# PART 1

## 품격 있는 사람이란

# 이 시대에
# 대학교수로
# 살아간다는 것


당나귀와 함께하는 지금은 매일이 일요일이다. 한가하게 거닐면서 매순간 만 끽하는 일요일. 아무것도 사거나 팔 필요가 없고, 시계를 볼 필요가 없으며, 여 명 속에서 어슬렁거리고 있는 당나귀를 지켜보기만 하면 된다.


『당나귀의 지혜』(2009)라는 책의 한 구절이다. 저자인 앤디 메 리필드(Andy Merrifield)는 어린 시절 뉴욕의 화려함을 동경하며 성 장했는데, 급기야 꿈을 실현시켜 뉴욕의 한 대학에서 교수의 지위 를 누릴 수 있게 된다. 그러나 기쁨도 잠시, 그는 바라던 대학의 교수직을 버리고 프랑스 오베르뉴 지방의 시골 마을로 홀연히 삶 의 터전을 옮긴다. 유일한 단짝 친구이자 동반자인 당나귀 '그리 부예'와 자연에 순응하며 전원생활 속에서 지혜를 찾아간다는 자 서전적인 내용이 이 책의 골자이다.

앤디 메리필드는 국내에 이미 소개된 『매혹의 도시, 마르크스

주의를 만나다』의 저자로서, 도시 공간문화 연구 분야에서 상당히 이름이 알려진 교수다. 그는 뉴욕이라는 거대 도시에서 느낀 차가운 고립과 잔인한 무관심, 그리고 그 속에서 '목적'의 노예가 되어버린 자신의 모습을 새삼스럽게 발견한다. 그리고는 어린 시절부터 힘겹게 이루어 온 꿈을 포기하고 시골 마을로 옮겼다. 그런데 그 이유가 유독 그만의 문제였을까? 과연 그가 실망한 비인간적인 도시의 모습, 숨 막힐 듯 바쁘게 돌아가는 주변 환경, 사람들 사이에서의 고립과 무관심은 그가 속한 뉴욕의 대학이기에 느끼는 문제였을까?

'글로벌 스탠더드'라는 이름으로 전 세계의 모든 대학이 평가 대상이 되고, 그들의 일률적인 기준으로 우열을 가리고 랭킹을 매기기 시작하면서, 미국이나 일본의 교수들도 한국의 사정과 별반 다를 것이 없어졌다. 학생들과 교수가 자유롭게 토론하면서 창의적인 아이디어를 나누는 '소통'을 기반으로 한 진정한 연구의 모습이 아니라, 실적에 매달리며 한정된 시간 안에 보이는 결과물을 만들어 내야 하는 압박감, 그렇게 쫓기면서 점점 지쳐가는 모습이 그야말로 글로벌 스탠더드화된 것은 아닐까.

일본 유학 시절, 교수님들과 대학원생들이 강의실만의 수업에 부족함을 느껴, 밖으로 나와 술잔을 앞에 두고 밤새 자유로이 토론을 하곤 했다. 그런 시간들이 행복한 기억으로 남는다. 한국으로 돌아와서 교직에 몸담은 지 어언 30여 년이 되었다. 이제는 학교에서도 어느덧 원로교수라는 명칭이 붙여지고 정년도 얼마 남지 않았다.

요즈음 후배교수들에게 좋은 시절에 대학에 계셔서 좋았겠다고 부러움 반 한탄 반의 이야기를 자주 듣는다. 그런 말을 들을 때마다 선배교수로서 미안한 마음이 드는 것은 왜일까? 앤디 메리필드가 비인간적인 거대도시의 생활에 회의를 느끼고 종지부를 찍은 것처럼, 내가 반평생을 함께해온 대학이 점점 온기를 잃어가고 있는 현실이 안타깝다.

대학의 현실은 이렇다. 정부의 구조개혁 평가가 시작되면서 각 대학들은 학생 취업률, 영어강의, 교수 1인당 논문 수 등을 기준으로 등급이 매겨진다. 질적 성과에는 그다지 상관없는 척도에 따라 각 대학마다 우수성과 경쟁 논리가 득세하고, 이 같은 지표를 들이대며 공포를 조장하는 교육 관료와 행정가들이 대학을 장악하게 되었다.

오늘날 우리 대학은 대부분 인격의 성장을 위한 사회적 교육 기관이 아니라, 경제적 요구에 맞춰 자원을 관리하고 생산하는 기업과 별다를 게 없이 되어 버렸다. 이런 현실에서 목표는 저 높은 이상을 향해 나아가는 도야가 아니라, 무언가를 지속적으로 생산해야만 하는 강박적 구속일 뿐이다. 수년에 걸쳐 자료를 발굴하고 시간과 공을 들여 쓴 논문 한 편, 거의 십여 년 만에 대작을 완성한 연구자는 무능력하게 취급되고 퇴출 대상이 되었다. 아마 그는 매년 학교가 요구하는 정량적 기준을 충족하지 못했을 것이다. 그는 연구년조차 누리지 못할 가능성이 크다.

우리가 알고 있는 학문적 대가들이 나온 것은 단순히 연구환경과 조건, 학자의 자질이 좋기 때문이 아니다. 오히려 지금보다 훨씬 더 가난하고 열악한 시절이었다. 그러나 대학이든 연구 기관이든, 학문적 이상을 향해 꾸준히 매진할 수 있도록 받쳐주는 신뢰와 지지, 그 절차탁마의 과정에서 쓰인 진지한 글과 세밀한 작업, 노력에 감탄하고 경의를 표하는 학문적 동지들이 곁에 있었다. 이것이 지금과 사뭇 다르다. 하지만 지금의 대학에선 보기 힘든 현실이다. 연구자는 결과물을 만들어야 하는 목적의 노예가 되고, 학문을 진지하게 탐닉할 시간을 잃었으며, 학자의 질적 성취는 누구도 거들떠보지 않게 되었다.

2013년 《교수신문》의 설문조사는 대학이 처한 현실을 잘 설명해 준다. 전국 대학교수 600명이 응답한 이 설문조사에서, 교수들 스스로가 교수직의 미래를 부정적으로 인식하고 있음을 직간접적으로 드러냈다. '대학교수의 위상이 낮아지고 있다'고 대답한 교수가 전체의 56.6%, '대학은 죽었다'라고 생각하는 교수들은 68.4%에 이르렀다. 과반수 이상이 교수라는 직업과 대학이 처한 현실을 회의적으로 보고 있었다. 2년이 지난 2015년, 《교수신문》에서 다시 같은 설문조사를 진행했다. 교수 785명이 응답한 설문조사의 결과, 80%의 교수들이 '대학교수의 위상이 낮아지고 있다'

고 대답했다. 2013년 실시한 조사에 비해 11.8% 늘어난 것이다. '대학은 죽었다'고 생각하는 교수들 또한 70%로 더 늘었다. 수도권 대학이나 비수도권 대학의 교수 모두가 그렇게 느끼고 있는 것으로 확인됐다.

교수들이 이렇게 교수직의 미래, 교수의 위상을 어둡게 인식한 데는 대학 평가에 따른 강제적 구조조정의 여파가 크게 작용했음은 말할 필요도 없다. 관계자들 사이에서는 이미 대학 구조조정이 급기야는 학문 생태계를 위협할 것이라고 보는 시각도 확대되고 있다. 대학에 들어온 지 10년 이하 교수·조교수들은 신분에 대한 '직업의 불안정'을 염려하고 고용조건 악화를 고심하기도 한다. 사정이 이렇다 보니 다른 대학으로 옮겨가면 좀 낫지 않을까 생각하는 교수도 두 명 가운데 한 명 꼴에 이르렀다.

손바닥도 부딪쳐야 소리가 난다고 했다. 구조조정을 밀고 나가는 대학 본부가 구성원과 합리적 소통을 꾀해야 한다면, 교수들은 어떻게 해야 할까? 척박한 현실이지만 교수로서 본분을 다해야 한다. 학문과 연구에 정진하는 것, 학생에 대한 깊은 애정을 갖고 교육에 임하는 것이 바로 그것이다. 자율성을 금과옥조로 여기는 지성인 집단, 대한민국 최고의 엘리트 집단인 교수 사회가 자율성과 자발성 위에서 학문과 연구에 매진하고, 강의에 대한 열정이 식지 않도록 끊임없이 노력해야 한다. 그것이 구조조정의 풍파에 아랑곳하지 않고 품위를 지킬 수 있는 교수의 몫이 아닐까?

예전에 고려대학교 김준엽 전 총장 같은 분은 정권 반대 운동을 벌인 학생들을 제적시키지 않았다는 이유로 군사정권으로부터 1985년 강제 사임을 당했다. 이 소식을 듣고 학생들이 퇴진 반대 운동을 했다. 이런 일은 이제 30년이 지난 한국 사회에서 전설 같은 이야기가 되었다. '도덕'이 한낱 겉치장으로 힘을 잃어가면서, 사람들이 도의적 책임을 느끼고 공직에서 물러나는 일이 드물어졌다. 증거를 내밀어도 법적으로 빠져나갈 수 있다고 판단되면 전면 부인하는 이 사회에서 부모들은 아이들에게 무엇을 또 어떻게 가르칠 것인가? 교수는 눈앞에 펼쳐지는 불합리함을 보면서 학생들에게 시시비비를 가리는 올바른 잣대를 제시할 수 있을까?

특히 인문학, 사회학 교수들은 가치와 당위의 문제, 삶의 목적 및 방법과 방향에 관해 어떤 이야기를 할 수 있을 것인가? 당위보다는 방편을 묻고, '왜'가 아니라 '어떻게'를 묻는 영민한 인간들이 많아지는 사회 안에서 '도의적 책임'이라는 말은 이미 그 의미와 활력을 잃고 말았다.

사람은 자기가 겪어온 세월과 경험치를 바탕으로 가치를 판단하고 삶을 살아간다. 아무리 계산이 빠르고 권력의 이치에 밝은 교수라 하더라도, 교수는 어쩔 수 없이 교수다. 얼마 전 국정농단으로 세상을 떠들썩하게 했던 최순실 같은 어이없는 사람에게 이용당할지언정, 지식이 많다고 해서 결코 이용하거나 군림하지는 않았다. 그것은 교수로서 이제껏 받은 사회적 훈련 때문이다.

교수들이 상대하는 사람들은 아직 세상의 때가 덜 묻은 학생들이며, 교수들이 투자한 대부분의 시간은 도서관과 연구실, 강의실에서 소비되었다. 그리고 그 시간들이 모여서 비로소 '교수'라는 직종을 만든다. 그들은 결코 상인이 될 수 없고, 정치꾼이 될 수 없고, 거간꾼이 될 수 없다.

교수는 학생들을 마주하고 그들에게 인간과 사회에서 중요한 것, 바람직한 것, 학문의 진리와 진실을 파악하도록 가르치는 사람들이다. 교수란 아주 단순한 의미에서 그런 것들을 조금 일찍 더 깊이 공부해서 후학들에게 가르치는 사람들이다. 남을 가르친다는 일의 위중함을 알기 때문에, 세상의 필요에 따라 위선자가 될 위험에 항상 크게 노출되어 있음에도 불구하고 중용을 지키려는 사람들이다.

나는 이 글을 통해서 부족하나마 교수로서 이 시대를 살아왔고, 살아가고 있으며, 살아갈 나 자신에게, 그리고 선배 및 동료 교수님들에게 '이 시대에 진정한 교수의 역할이 무엇인가'라는 화두를 던지고 싶다.

전 세계적으로 제4차 산업혁명이라는 명목 하에 경제뿐만 아니라 정치, 사회, 문화, 교육까지 급변하고 있다. 또한 그에 편승하여 교수 사회에도 많은 변화의 물결이 일고 있다. 이런 급격하고 총체적인 변화의 시기에 교수로서 어떤 역할을 해야 할 것인가? 교수의 본질적 역할과 사회적 요구에 대한 깊이 있는 고민이 있어야 이에 대한 답을 찾을 수 있을 것으로 본다. 개인적으로 이런 어려운 질문에 답을 하기에는 아직 더 많은 고민이 필요할 것 같다.

# 공자는
# 어떤 대접을
# 받아야 할까?

김영란법이 시행된 9월 28일을 많은 사람들은 기억하고 있을 것이다. 그러나 이날이 예수, 석가와 함께 세계 3대 성인으로 칭송받는 '공자'의 탄신일이라는 것을 아는 사람은 그리 많지 않다. 종이 달력이나 휴대폰 달력에도 표시돼 있지 않다. 그런데도 작년에 공자 관련 단행본이 10여 종이나 집중 출판되었다. 국립중앙도서관 '국가자료 종합목록'에는 공자 관련서가 무려 4천여 종이나 검색된다. 이렇게 우리 생활 깊숙이 자리매김하고 있는 공자에 대해 우리는 얼마나 알고 있을까?

공자는 기원전 55년생으로, 조실부모하고 어렵게 살았다. 그러다가 주나라 관제와 예법을 공부해 30대 때부터 이름을 떨치기 시작했다. 51세 때는 제나라와의 강화 협상에서 지략을 발휘해 빼앗겼던 노나라 땅을 되찾으면서 정치적으로 최고의 전성기를 구가하기도 했다. 그러나 그것도 잠시, 권력투쟁에서 밀려난 공자는 제자들과 함께 14년간 천하를 유랑한다. 68세에 고국 노나라로 돌아온 공자는 이때부터 제자들을 가르치고 문헌을 정리하는 데 전념해『춘추』를 완성하고, 73세에 파란만장한 생을 마감했다.

하극상이 만연한 시대에 살았던 공자는 사회질서가 유지되기 위해서는 자신의 욕망을 극복하고 예로 돌아가야 하며(克己復禮), 임금은 임금답고 신하는 신하다워야 한다(正名)고 주장하면서 보수주의자로서의 면모를 보였다.

한편 공자의 교육 목표는 군자를 육성하는 것이었다. 가르침에 차별이 없어야 한다(有敎無類)면서 출신 성분이나 사회적 지위를 막론하고 제자들을 받아들였다. 그럼으로써 당시로서는 혁신적 교육자로서의 입장을 견고하게 유지했다. 또한 "배우기만 하고 생각하지 않으면 멍청이가 되고, 생각만 하고 배우지 않으면 위태롭게 된다"라는 실천적 교육도 주장했다.

이와 같이 혁신적이면서도 실천적인 교육자였던 공자를 높이 평가하는 사람들도 많은 반면, 부정적 시각으로 왜곡해서 보는 시각도 많다. 아마도 중국 역사상 공자만큼 극단적인 시각으로 평가되는 인물도 없을 것이다. 때로는 지나친 존경으로 왜곡됐고, 때로는 현학적인 악취미에 빠져 왜곡됐고, 때로는 자신의 잘못을 은폐하기 위해 공자의 행적을 날조하기도 했다.

공자와 그 제자들의 언행이 담긴 어록이『논어』이다. 이 책의 편찬 시기와 편찬자들에 대해서는 여러 학설이 있지만, 공자 자신이 직접 정리하거나 기록한 책이 아니라는 점에서는 의견이 일치한다.

경성대학 이재하 교수도 오늘날의 『논어』가 공자 문인의 원본이 아니라고 했다. 지금 우리가 알고 있는 『논어』는 서한(西漢) 말 성제(成帝)의 스승으로 승상을 지낸 장우(張禹)가 한(漢)나라 『노(魯)논어』와 『제(齊)논어』를 뭉뚱그려 만들어 놓은 것이다. 장우(張禹)는 왕망(王莽)에게 빌붙어 부귀영화와 권세를 누리며 끝내 왕망의 찬탈을 조성한 사람이다. 그런 그가 『논어』의 여러 판본을 제멋대로 취사선택해서 엮었으니, 그 내용 가운데 자신의 처신을 은폐, 왜곡하기 위한 장치도 없지 않았을 것이라고 이재하 교수는 말한다.

이렇듯 『논어』가 만들어진 과정과 시대적인 배경을 고려하여 객관적인 시각으로 읽다 보면, 인간 공자에 대한 폭넓은 이해가 생겨날 것이다. 또한 거기서 비롯한 중국 문화, 나아가 우리 전통의 일부인 유교 문화에 대해 되돌아볼 기회도 될 것이다. 아울러 악화된 현 중국과의 관계를 개선하고 발전시켜 나가기 위해서도 공자를 제대로 이해하는 것이 중요하다고 생각한다.

우리 학교에 함께 재직하고 있는 김경일 교수가 쓴 『공자가 죽어야 나라가 산다』(2001)는 출간 당시 사회적으로 큰 반향을 불러일으켰다. 공자의 도덕은 사람을 위한 도덕이 아니라 정치의 도덕이고 기득권자를 위한 도덕임을 비판하면서, 새로운 문화적 개방

성을 주장하고 있다. 또 공자의 도덕을 받아들인 유교 문화는 정치적 기만과 위선, 남성 우월 의식과 여성 착취, 젊음과 창의성의 말살, 그리고 주검 숭배가 낳은 우울함이 가득하다고 말하고 있다. 또한 이것들은 이미 유통기한이 지난 봉건제적 망령이므로, 이것을 완전히 제거하지 않는다면 우리는 파탄에 이르고 말 것이라고 김 교수는 이야기하고 있다. 이 책을 출판한 후 김 교수는 유학 사상을 따르는 사람들로부터 거센 항의를 받아 결국 1년 동안 미국으로 연구년을 다녀와야 했다.

미국 《타임》 지 베이징 특파원인 마이클 슈먼은 좀 다른 주장을 내놓았다. 최근 번역 출판된 『공자가 만든 세상』(2016)에서 그는 20년 가까이 한국과 중국 등 동아시아 지역에서 활동한 지역전문기자답게 미국인의 시각으로 공자의 실체를 찾아 나섰다. 이 책에서 공자는 봉건주의의 상징으로 규정돼 동상의 목이 잘리고 홍위병에 의해 묘가 파헤쳐지는 등, 살아서보다 죽어서 더욱 굴곡진 여정을 감내해야 했다. 그의 영향력이 지금까지도 동아시아 지역 사람들의 삶에서 쉽사리 사라지지 않고 있으며, 20세기 후반부터는 공자의 유산이 현대사회에서 갖는 의미와 역할에 대해 다시금 논란이 일게 됐다고 슈먼은 말했다. 그리고 그 중 가장 대표적인 세 가지, 즉 가부장적 가족제도와 비정상적인 교육열, 근래 한국에서 더욱 논쟁적인 여성혐오에 대해 그의 공과 책임을 따져 물었다.

또한 그는 공자에 대한 여러 현대적 논란에도 불구하고, 유교 문화가 동아시아 경제발전의 원동력이 되고, 정치적 차원에서도 결과적으로 민주주의 국가로 가는 또 다른 길을 열어주었다고 주장하고 있는데, 이런 분석과 긍정적인 평가에 대해서는 저자도 공감되는 점이 많다.

이번 여름방학 끝자락에 필요한 연구 자료가 있어 일본을 다녀왔다. 서점에서 이리저리 자료를 찾다가, 공자에 관한 책인『유교에 지배된 중국인과 한국인의 비극』(2017년)이 눈에 띄었다. 이 책의 저자는 내가 유학할 때 TV에서 가끔 보았던 미국 유학생 켄트 길버트라는 사람이었다. 유학할 때 TV에 나와서 유창한 일본어를 구사했는데, 발음도 좋고 꽤나 지적인 발언을 해서 좋은 인상으로 기억되고 있었다.

그런데 책을 읽으면서 한국에 대한 인식이 너무 편파적이고, 일본을 미화한 일본 측의 시각으로 서술한 내용을 보면서 아연실색했다. 더욱이 위안부 문제가 한국인들이 날조한 내용이라고 하면서, 일본군이나 일본 정부에 의한 강제 연행의 증거를 한국인들이 제시하지 못하고 있는 것은 위안부가 존재하지 않았기 때문이라고, 사실과 다른 주장을 하고 있었다. 또한 세종대학교 박유하 교수의『제국의 위안부』(2014년)를 언급하면서, 한국인들 중에는 이렇게 역사를 냉정하게 보고 있는 지식인도 있다고 언급하고 있다. 사실 공자에 대한 자료로 참고하려고 이 책을 구입했는데, 내용이 너무 기가 막혀서 간단하게 언급했다.

한편, 그는 이 책에서 한국과 중국이 공자가 주장한 유교의 부정적인 영향(저주)을 받아서 문제가 많은 나라라고 서술하면서, 일본은 유교의 영향을 받지 않아서 다행이라고 했다. 앞으로 일본은 아시아에서 유일한 선진대국으로서의 자부심을 가지고 당당하게 그 역할을 해나가야 한다며 글을 마무리했다. 한국의 현재 정치 상황을 편향된 시각으로 경망스럽게 언급하는 그의 얕은 인식이 심히 우려스럽기까지 했다. 공자에 대한 두 사람의 시각이 너무 달랐다.

이와 같이 공자에 대한 다양하고 양비론적인 시각이 존재하지만, 나는 좀 더 긍정적인 방향으로 그가 평가되어야 한다고 생각한다. 위에서 슈먼이 언급한 유교 문화가 동아시아 발전의 원동력이 되어, 결과적으로는 민주주의로 가는 길을 열어주었다는 주장은 어느 정도 공감이 가는 내용이다. 우리가 다시 한 번 공자를 재조명해서, 우리 삶 속에서 합당한 대접, 공경을 하는 것이 공자의 가르침을 배신하지 않는 것이 아닐까.

# 품격 있는
부모란

최대한 아름답게 만들어야 해. 박스 안에 들어 있다 하더라도 말이야. 훌륭한
목수는 아무도 보지 않는다고 장롱 뒤쪽에 저급한 나무를 쓰지 않아.

매킨토시가 출시된 후 어느 인터뷰에서 스티브 잡스는 아버
지에게서 배운 교훈을 위와 같이 언급했다. 보이지 않는 면까지
도 완벽을 추구하는 아버지의 모습을 보며 성장한 그는 평범한 사
람들이 보지 못했던 사물이나 현상의 이면과 내면을 통찰하면서,
PC 시대와 포스트 PC 시대를 동시에 연 혁신의 아이콘이 될 수
있었다.

애플의 창업자 스티브 잡스가 세상을 떠난 지 어언 6년이 되
었다. 하지만 오늘날 혁신과 창조성을 이야기할 때, 잡스는 여전
히 가장 먼저 떠오르는 인물이다. 잡스의 창조성은 20세기에 존재
했던 아날로그 제품을 21세기형 첨단 디지털 제품으로 전환시켰

다. 그는 훌륭한 애플 소프트웨어가 엉터리 회사의 하드웨어에서 구동되는 것을 병적으로 싫어했다. 순혈 대 혼혈, 개방 대 폐쇄라는 그의 이분법적 세계관은 어쩌면 숙명이었을지 모른다. 그에게 모든 제품은 예술품 아니면 쓰레기였고, 영웅 아니면 얼간이었다. 악마라는 소리를 들으면서까지 전 세계적으로 특허 소송을 불사한 것도 이 완벽 유전자 때문일 것이다.

그는 췌장암으로 세상을 떠나기 전 스탠포드 대학의 한 강연에서 "천국에 가고 싶다는 사람들조차도 그곳에 가기 위해 죽기를 원하지는 않지만, 죽음은 우리 모두의 숙명이므로 아무도 피해갈 수 없다"라며, "죽음은 새로운 것이 옛 것을 대체할 수 있도록 해 주는 삶이 만든 최고의 발명"이라고 연설했다. 그는 죽음조차도 자연스런 삶의 일부로 받아들이고 마지막까지 품위를 지키며 살다가 삶을 마감했다.

'딸깍!' 누르면 그냥 꺼져 버리는 스위치처럼 스티브 잡스는 갔다. 하지만 그가 남긴 디지털 혁명은 지금까지도 가속도를 내고 있다. 과학기술에 인문학이 결합되고, 하드웨어부터 소프트웨어, 콘텐츠, 마케팅에 이르기까지 제품의 모든 측면이 통합되는 대변혁의 시대에 우리는 아이들에게 무엇을 가르쳐야 할까. 죽음 앞에서도 내면의 아름다움과 품위를 가지고 떠난 스티브 잡스는 충고한다. 아이들이 좋아하고 사랑하는 일을 찾게 하라고. 그러면 그들은 늘 갈망할 것이다. 우직스러울 정도로!

## 노블레스 오블리주의
## 자녀교육(인성 교육 중시)

세상을 떠들썩하게 했던 최순실 게이트에서 딸로서의 박근혜 전 대통령, 장시호(최순실 언니의 딸), 정유라(최순실의 딸)의 성장 과정이 하나의 이미지로 중첩돼 나타난다. 그 이미지는 바로 '공주' 이미지다. 주변에서 금지옥엽으로 대접받고, 보호받고, 혜택받은 특권층의 이미지!

경제 개발을 최우선으로 하던 시대에는 부모가 자식을 물질적으로 풍요롭게, 남에 비해 부족함이 없도록 풍족하게 키우는 것이 소원이었다. 그러나 1인당 GDP가 3만 달러에 가까이 다가선 오늘날엔 부모들이 자녀를 양육하는 방식과 목표가 달라져야 한다. 이제는 '남들보다 잘 살아보세'가 아니라, '더불어 함께' 살아가는, 성숙하고 타인을 배려할 수 있는 사람으로 거듭나야 한다. 그래야 세계화, 정보화, 양극화 시대에 살아남을 수 있을 것이다. 이런 시대에 '공주' 이미지는 시대착오적 발상이다.

그럼 이런 시대에 어떻게 아이들을 키울 것인가? 무엇보다도 자제심, 책임감, 사회성을 강화하는 양육 방식이 필요하다. 이 세 가지 중 가장 중요시해야 할 부분은 자제심(자율성) 강화이다. 스탠포드 대학의 심리학자 미셸 교수가 1960대 후반부터 1970년대 전반에 걸쳐 유치원생(4살)을 대상으로 '마시멜로 실험'을 진행했다. 실험 방법은 간단했다. 아이들에게 마시멜로를 주고, 15분 동안 먹지 않은 아이에게는 하나를 더 주고, 먹은 아이에게는 더 이상 주지 않았다. 그 결과 1/3 정도의 아이들이 먹지 않았다. 이후 1988년 추적조사를 진행했는데, 당시 마시멜로를 먹지 않은 그룹의 아이들, 즉 자제심을 보인 그룹의 아이들은 SAT 시험 점수에서 평균 210포인트 차이로 우위를 보였다고 한다. 유아기에 아이큐보다 자제심이 강한 쪽이 장래 SAT 점수에 큰 영향을 주었다는 것이 확인되었다.

이후 2011년에 한 번 더 추적조사를 실시했는데, 어릴 때 자제심(절제심)이 강했던 아이들이 사회적 성공을 거둔 것으로 확인되었다. 학교에 들어가기 전의 자제심 유무가 수십 년 뒤에도 계속 지속되어, 생애 내내 이어졌음을 알 수 있는 결과였다. 즉, 자기의 충동이나 감정을 컨트롤하고 눈앞의 욕구에 인내하는 능력이 사회에서 성공할 수 있는 중요한 요인이라는 것이다

다음으로 중요한 것은 책임감 강화이다. 가정에서 세 살부터 아이들이 집안일을 돕게 하거나, 매일 해야 할 일을 설정하여 아이 스스로 자존감을 갖도록 해야 한다. 이렇게 하면 자기 통제력과 자율성, 책임감을 높여 줄 수 있다. 이때 가장 핵심적인 부분은 가족, 친구와 긴밀하고 끈끈한 연대 관계를 형성해 주는 것이다.

마지막으로, 사회성 강화를 위해서는 여러 연령층의 아이들이 함께 어울려 생활하도록 해주어야 한다. 친구들뿐만 아니라

주위사람들과 함께 생활하면서, 설교 위주의 엄격한 분위기가 아닌, 생기 넘치는 분위기 속에서 함께 웃고, 돕고, 일하고, 나누면서 자율성과 사회성을 키울 수 있어야 한다.

위와 같은 교육을 통해 자제심, 책임감, 사회성을 갖춘 아이들이 어른이 되면, 자연스럽게 '노블레스 오블리주'(noblesse oblige)를 실천하는 건전한 사회 구성원이 될 수 있다. 영국 왕실의 왕자들이 그 살아 있는 본보기이다. 우리는 경제적으로 상위층에 있는 이들의 사회 기여도가 낮을 때, 이들을 비꼬는 어투로 '노블레스 오블리주'의 부재(不在)를 부르짖는다. 특히 지식인층이라면 자식교육에서도 노블레스 오블리주 정신이 배어 있어야 할 것이다. 교육학적 관점에서 사교육에 대해서는 부정적 입장을 논하다가도, 자식의 교육 문제에 직면하면 지극히 감정적이며 이기적으로 행동하는 지식인들을 주위에서 종종 볼 수 있다. 그들은 이런 행동을 자식 사랑이라고 합리화시킨다.

특히 교육계에 종사하고 있는 사람들은 내 아이에 대한 지나친 교육열로 인해 아이를 사교육 시장으로 내몰고 있지는 않은지, 본인 스스로가 이중적인 모습을 보이고 있지는 않은지를 다시 한번 되짚어 봐야 한다. 이런 일들을 자초하고 있다면, 좋은 의미에서의 노블레스 오블리주가 비판적 시각으로 바뀐 것과 같이, 교육계에도 그러한 비판이 쏟아질 것이다. 그렇기 때문에 앞으로 우리 사회에서 교육계 종사자들이 노블레스 오블리주 본연의 취지를

살려서 제자리를 찾아갈 수 있도록 앞장서서 변화시켜 나아가야
할 것이다.

퇴계 이황의 후손이 들려준 세 가지 가훈에 관한 이야기이다.
그 세 가지 가훈의 첫 번째는 춘택(春澤), 두 번째는 허시(虛施), 세
번째는 종선(種善)이다. 이 가훈들은 모두 하나같이 요즘의 가정교
육에서는 보기 힘든 것들이다.

먼저 춘택은 글자 그대로 '봄볕의 혜택'을 의미한다. 봄볕은 길
가의 풀 한 포기가 됐든 큰 나무가 됐든, 모든 것에 차별을 두지
않고 비추어서 생명을 북돋운다. 봄볕과 같은 사람이 돼서 자신이
가진 능력이 모든 사람을 이롭게 만드는 데 쓰이도록 해야 하며,
친구를 사귈 때 차별을 두지 말라는 것이 이 이야기의 골자이다.

허시는 아이 때부터 남에게 빈 마음으로 베풀어야 함을 가르
치는 것을 말한다. 남에게 베풀 때는 대가를 바라지 않고 베풀어
야 하며, 친구 사이에서는 더욱 그렇게 해야 한다. 그런데 요새 사
람들은 그냥 베풀 줄 모르고, 자신이 하나를 주면 반드시 그 대가
로 다른 하나를 받으려고 한다. 그 때문에 허시를 행하기가 매우
힘들다. 이것을 행동으로 보여주는 어른을 찾기가 힘들다는 것에
서도 잘 드러나고 있다.

마지막으로 종선은 글자 그대로 '선을 심는다'는 뜻이다. 선이
라는 싹을 심으면, 그 싹은 먼 훗날 자라서 선한 사람이라는 큰
나무가 된다는 뜻이리라. 자신의 마음속뿐만 아니라 다른 사람

의 마음속에도 선을 심는 행위야말로 가장 고귀하고도 어려운 일이다.

부모라면 누구나 자기 아이가 뒤처지지 않고 남보다 뛰어나기를 바랄 것이다. 요즘의 부모들은 예전의 부모들에 비해 이런 성향을 훨씬 더 노골적으로, 그리고 정정당당하게 드러낸다.

그러나 무엇이 아이들을 위해서 진정으로 이롭고 올바른가를 좀 더 깊이 생각해 보아야 할 것이다. 예로부터 우리나라에서는 자녀들이 올바른 마음가짐과 생활태도를 갖게 하고, 이웃과 원만하게 세상을 살아갈 수 있도록 도덕적인 덕목과 교훈을 정해, 그것을 가훈으로 만들어 따르게 했다. 이런 가훈 문화는 현대 가정교육의 세태를 다시금 되돌아보게 하는 계기가 되어야 한다. 만약 요즘 아이들에게 그 가훈 속에 담겨 있는 것과 같은 심성의 결이 부족하다면, 그것은 다른 무엇보다도 퇴계 이황이 보여준 유학의 가르침이나 인격 완성을 위해 끊임없이 학문과 덕성을 키웠던 선비 정신을 소홀히 한 현대 교육에 그 원인이 있을 것이다.

오늘날 부모들은 교육을 자녀의 출세를 위한 수단으로만 생각하는 경우가 대부분이다. 그러나 교육의 진정한 목적은 바람직한 사람을 기르는 것이다. 교육의 내용은 지식이 있어야 하며, 교육의 방법은 인간적이어야 한다.

이제 부모들은 공부 잘하게 하는 교육보다는 인성 교육에 더 큰 관심을 가져야 한다. 요즘은 공부를 아무리 잘해도 인성이 나

쁘면 결코 성공할 수 없다. 자녀의 점수 한 점 더 올리기보다 좋은 인성을 지닌 인간으로 자랄 수 있도록 기본 소양을 갖추도록 하는 데 좀 더 심혈을 기울여야 할 것이다. 그리고 좀 더 강한 아이로, 남을 배려하는 아이로, 정직과 공평을 소중히 여기는 아이로, 자기 주도적인 삶을 살아갈 수 있는 아이로 자랄 수 있도록 해야 한다. 가정교육은 어디로 튈지 모르는 미완성의 아이를 성공적인 인격체로 키워 나가는 어렵고도 힘든 여정이기 때문에, 부모의 꾸준한 노력과 끈기가 필요하다.

# 과학자의
# 양심이란

1954년 3월 1일 오전, 남태평양 비키니 환초(環礁)에서 미국이 수소폭탄 실험을 하고서도 숨겨온 사실이 일본의 원양 참치어선 제오복룡한(第五福龍丸)이 인근 해양에서 조업하다가 방사능에 노출된 미량의 재를 채취, 분석함으로써 세계에 알려졌다. 이 실험으로 인해 세 개의 섬이 사라지고, 방사능 오염이 심각한 생선을 폐기한 어선 수가 856척에 달한다고 발표했다. 이런 '죽음의 재(35km의 버섯구름의 재)'의 분석 결과를 영문 학술논문(일본에서는 비키니 핵실험(ビキニ核実験))으로 발표한 사람은 히로시마대학 물리학과 교수 시미즈 사카에(清水栄, 히로시마 원자 폭탄 투하 직후 히로시마에 최초로 들어간 학술연구단의 일원이었다)였다. 교토대학(京都大学) 출신인 시미즈 교수는 교토대학 연구팀이 미국의 수소폭탄 실험이 초 수소폭탄 3F 폭탄(F-F-F)이라는 사실을 철저히 밝혀내어, 학술논문으로 처음 세

상에 알리게 되었다. 그때 실험한 폭탄의 폭발력은 히로시마에 투하된 원자폭탄의 천 배에 해당하여 '죽음의 재'라고 불렸다. 그리고 그 '시미즈 레포트'가 '러셀·아인슈타인 선언'의 확실한 학술적 근거가 된 사실이 나중에 밝혀졌다.

히로시마대학의 한 물리학 교수가 교토대학의 연구 성과인 시미즈 레포트를 손에 들고 조셉 로트블랫(Joseph Rotblat)을 찾아가서, 자신이 직접 영문으로 쓴 설명서를 첨부하여 건네주었다. '러셀·아인슈타인 선언'의 불씨를 당긴 것은, 교토의 어느 한 작은 연구실에서 그저 진실만을 추구하기 위하여 '죽음의 재'의 분석 결과를 상세하게 정리한 한 권의 학술 보고서였다. 이것이 역사의 진실인 것이다.

수소폭탄 실험이 행해졌다는 명백한 사실을 알게 된 로트블랫은 철학자 버트란트 러셀(Bertrand Russel, 1872~1970)에게 시미즈 레포트를 전달했다. 이에 러셀은 1954년 12월 23일에 BBC 라디오를 통해 상세한 자료에 기초하여 수소폭탄 실험이 행해졌다는 사실을 세계에 알리고, "수소폭탄 전쟁이 일어나면 세계는 파멸할지도 모른다"며 지구상에서의 핵무기 폐기를 간절하게 호소했다.

이것이 계기가 되어 버트란트 러셀과 앨버트 아인슈타인의 서신 교환이 시작되었다. 앨버트 아인슈타인(Albert Einstein, 1879~1955)은 임종을 앞둔 상태에서 '러셀·아인슈타인 선언'에 서명했다. 20세기 최대의 과학자가 '인류에게 남긴 유언'이라고도 할 만한 이 선언은 유카와 히데키(湯川秀樹, 1907~1981 일본의 노벨 물리학상 수상자) 등 11인의 노벨상 수상 과학자들의 동반 서명과 함께 발표되었다. 이 선언이 있은 뒤 1995년 캐나다의 퍼그워시라는 마을에서 핵무기 폐기를 위한 과학자들의 회의인 퍼그워시 회의(Pugwash Conference, 1995년)가 처음으로 개최되었다. 로드플랫은 1995년 그해에 핵무기가 국제정치에 끼치는 영향력을 감소시키고 핵무기를 없애기 위해 노력했다는 이유로 노벨 평화상을 수상했다.

1946년 3월, 맨해튼에서 과학자의 주도로 『함께 살 것인가, 모두 죽을 것인가(One world or None)』라는 제목의 책이 출간되었다. 과학자들은 나치의 세계 지배를 막는다는 명목으로 시작된 핵무기 개발 프로그램인 '맨해튼 프로젝트(Manhattan Project)'가 일본의 히로시마와 나가사키의 비극을 불러오고 핵무기 위험성에 대한 자신들의 경고가 정치 지도자들에 의해 묵살되는 것을 보면서, 1945년 12월 핵과학자연맹(FAS, Federation of Atomic Scientists)을 결성했다. 이 조직은 1946년 1월 미국과학자연맹(Federation of American Scientists)으로 이름이 바뀌었다. 그러나 핵의 위협이 극으로 치달은 현실에 공포를 자각하고 핵 군축운동을 전개한 것에는 변함이 없었다. 『함께 살 것인가, 모두 죽을 것인가』라는 책에는 앨버트 아인슈타인과 닐스 보어, 로버트 오펜하이머, 한스 베테, 해럴드 유리 등 노벨상 수상자 5명을 비롯한 맨해튼 과학자들의 글이 실려 있다. 맨해튼 프로젝트에 참여했던 한 젊은 과학자는 1946년 미국의 권위 있는 잡지 《뉴요커》에 발표된 작가 존 허시(1914~1993, 31세에 퓰리처상 수상)의 르포 기사(히로시마 참상에 대한)를 읽고, 원폭 투하 소식에 다른 과학자들과 함께 환호했던 자신에 한없는 수치심을 느끼고 눈물을 흘리며 자책했다고 한다.

앨버트 아인슈타인은 원자탄이 사용된 가장 중요한 목적은 아마도 소련이 참전하기 전에 전쟁을 끝내기 위해서였을 것이라고 지적했다. 과학자 폴 보이어는 뉴요커 기고 글에서, 허시가 해낸 일은 미국인들에겐 '사악한 쪽발이'였던 일본인들을 '같은 인간으로 되돌려 놓은 것'이라며, 방사능 피폭에 의한 원자병을 비롯해 원자폭탄이 인간에게 미치는 영향을 보통사람들이 이해할 수 있게 설명한 것은 매우 의미 있다고 평가했다. 그 어떤 과학자보다 대중적인 앨버트 아인슈타인은 1932년 미국으로 건너갔다. 그후 2차 세계대전이 발발한 뒤 아인슈타인과 그의 동료들은 당시 미국 대통령이던 루즈벨트에게 핵무기를 개발하도록 부추기는 편지를 보냈다. 그의 편지를 받고 루즈벨트는 그 유명한 '맨해튼 프로젝트'를 시작했다. 하지만 아인슈타인은 이것을 두고 "내 인생에 있어 한 가지 큰 실수를 저질렀다"고 후회하면서 죽을 때까지 깊은 죄책감에 시달렸다고 한다. 말년에 아인슈타인은 다양한 정치적 활동을 한다. 그는 인종차별에 반대하고 당시 미국을 휩쓸던 매카시즘(1950년대 초 미국의 극단적 반공주의)에도 저항했다. 자유와 평화를 원했던 위대한 정신의 소유자 아인슈타인은 1955년에 세상을 떠났다. 그의 마지막 글의 제목은 다음과 같다. '어느 곳이나 넘쳐나는 정치적 격정, 희생자를 요구한다'.

과학기술의 발전이 반드시 인류에 긍정적으로 기여하는 것은 아니다. 기술력이 높아지면 높아질수록 대형 참사를 초래하기도 한다. 핵무기는 이미 보유하는 것만으로도 인류 전체를 위협한다. 이것은 인간이 그것에 내포된 한계를 필연적으로 겸허하게 직시하고, 철저히 조사하고 취할 때만 비로소 사용 가능해지는 것이다. 가장 심각한 문제는 과학자들의 이권에 따라 움직이는 '반 윤리성'이다. 과학과 군사 유착은 어제 오늘의 일이 아니어서 무기 개발과 협력, 비인간적인 인체 실험에 대한 저항감이 점점 사라지고 있다. 과학자가 정부로부터 돈과 연구, 환경을 보장받으면서 안정적으로 연구기관에 들어가고, 도리어 적극적으로 무기 등의 연구를 제안하게 되었다. 끔찍한 재앙이 초래되는 것을 막으려면, 미래 세대와 인류의 존속을 고민하며 과학자 자신이 지식인으로서의 양심을 저버리지 말아야 할 것이다.

# 100세 시대,
# 우리에게
# 축복이기만 할까?

　얼마 전 연세대 명예교수 김형석 선생님의 『백년을 살아보니』라는 책을 접했다. 현재 97세이신 선생님은 과연 어떤 생각을 하고 계실까 하는 궁금증에서 책을 읽기 시작했다. 특히 "인생의 황금기는 60세에서 75세라고 믿고 있다"라는 구절은 마음에 절절히 와닿았다. 60을 넘긴 나에게 작은 위안과 막연한 희망을 꿈꾸게 해주었다. 자신이 처해 있는 상황을 최대한 합리화시키려는 인간의 모습이 함께 겹쳐지면서, 나도 어쩔 수 없는 인간이구나 하는 자조 섞인 생각을 하기도 했다.

　100세 시대에 노후를 대비하기 위해서는 금전적인 능력도 중요하지만, 무엇보다 생각의 전환이 더 중요하다고 생각한다. 대부분의 사람들이 정년을 맞으면 으레 은퇴를 한다고들 한다. 은퇴의 한자 뜻을 보면 은(隱)은 '숨을 은'이라고 읽고 퇴(退)는 '물러날 퇴'

라고 읽는데, 현실이나 사회에서 몸을 숨겨 물러나 있는 것을 의미한다. 이 어휘의 뜻을 곱씹어 본다면, 정년이야 어쩔 수 없이 받아들인다고 해도 은퇴라는 말은 좀 더 아껴야 하지 않을까!

대부분의 사람이 노후를 사회생활에서 은퇴한 이후의 생활로 명확하게 구분 짓는 것 같다. 노후를 여분의 삶인 것처럼, 마치 딸려 나오는 별책 부록인 것처럼 바라보는 것이다. 그러나 인생에서 은퇴라는 것이 있을까? 인생이란 죽을 때까지 살아내는 것이 아니던가?

나는 노후란 지금까지 살아온 인생의 계속되는 연장이며 그 마무리라고 생각한다. 훗날 내가 정년퇴임 후 일터에서 물러난다고 해도 달라질 것은 없다. 인생의 스토리는 계속 쓰여 나갈 것이고, 결국에는 라스트 챕터(마지막 장)를 쓰게 될 것이다. 그래서 나는 흔히 말하는 '은퇴 후 무엇을 하며 노후를 맞이할까?' 보다는 '지금 하는 일이나 새로운 일들을 얼마나 멋지게 마무리할 수 있을까'에 더 큰 비중을 둔다. 놀라운 라스트 챕터를 쓰고 싶은 것이다.

프랑스, 영국, 미국도 노인 차별이 장난 아니다. 세상에는 세 가지 큰 차별이 존재한다고 한다. 첫 번째는 인종 차별(racism), 두 번째는 성 차별(sexism), 마지막으로 나이 차별(ageism)이다. 이 중 최근 심각한 사회문제로 대두되고 있는 것이 나이 차별(노인 차별)이다. 나이 차별이란 말은 넓은 의미에서 모든 연령에 대해 나이에 의한 편견이나 차별을 보이는 것을 가리킨다. 하지만 좁은 의미에서는 고령자에 대한 연령의 차별을 의미한다.

미국의 국립노화연구소의 초대 소장인 정신과 의사 로버트 버틀러는 "인종 차별이나 성 차별이 피부 색이나 성별을 가지고 그 목적을 달성하듯이, 노인 차별은 나이가 들었다는 이유로 노인들을 조직적으로 하나의 형태에 넣어 차별하는 것이다"라고 정의했다. 노인들에 대한 선입견과 무시와 반감, 단순한 접촉 회피, 주거(住居)나 취업 등에서의 차별적 관행 등이 모두 포함되는 개념이다.

2015년 기준으로 우리나라 노인 자살률은 인구 10만 명당 59명으로 OECD 평균의 3배에 달한다. 정말 우려스럽고 심각한 상황이다. 그러나 이 문제는 비단 우리나라만의 문제가 아니다. 선진국에서도 노인 차별로 인한 노인 자살, 노인 학대 등의 사회문제에 대해 해법을 찾으려고 많은 노력을 하고 있다.

프랑스의 경우도 연령 차별이 만연하고 사회적 차별도 심하다. 자동차 대여는 75세 이상은 불가능하며, 은행 대출도 70세까지로 제한된다. 그나마 최근 '프랑스 사회를 고령화에 적응시키기 2015'라는 법규를 통해 노년층의 시민권 등을 폭넓게 인정해 가는 분위기지만, 여전히 프랑스는 연령분리 완화를 위한 체계적 정책이 부재한다는 지적을 받고 있다.

영국의 노인 차별도 예사롭지 않다. 2011년 조사에 따르면, 영국 국민들 가운데 연령 차별 경험빈도가 35%로, 성 차별(25%)이나 인종 차별(17%)보다 많았다. '70세 이상 노인이 영국의 경제에 기여한다고 보는가'라는 질문에 '그렇다'는 답이 47%로, 절반에 못 미쳤다. 의료 서비스 체계에 부담을 준다고 생각하느냐는 질문에 는 36%가 그렇다고 답했다.

미국에는 AARP(American Association of Retired Persons — 미국은 퇴자협회)라는 단체가 있다. 1958년 캘리포니아에서 '은퇴교사협회' 로 시작된 AARP는 1960년대에 타 직종 은퇴자들도 받아들이기 시작하여, 현재는 50세 이상의 연령 집단을 위한 비영리 단체로 활동하고 있다. 회원 수가 3800만 명에 이르고, 회원 중 절반 이 상이 전업 또는 시간제로 일하고 있다. 이 단체는 미국 50세 이 상 인구의 경제활동 총액을 7조 6000억 달러로 추정하는데, 1달 러 당 51센트의 소비가 50세 이상에 의해 이루어진다고 주장하 고 있다.

AARP에서는 50세 이후 연령층의 자기계발과 삶의 질 향상을 위한 건강복지 프로그램, 교육, 자원봉사 지원, 구직정보 제공 등 다양한 활동을 펼치면서, 노인들이 노후에도 남의 도움을 받지 않고 살며 사회에 기여할 것을 권장하고 있다. 또한 이 협회에서 는 '나이는 숫자에 불과하다', '늙는다는 것은 태도의 문제이다', '경 험이 차이를 만든다' 등의 캠페인을 펼치고 있다. 지금 세계는 노 인들이 나이와는 무관하게 새로운 도전을 받아들이면서 노화의 개념을 뒤엎는 '노인 혁명' 시대라고 강조하고 있다.

하지만 이런 AARP의 적극적인 활동에도 불구하고 미국 사회도 고령자에 대한 차별이 심각한 수준이다. 45~74세 국민 중 3분의 2가 직장 내 연령 차별을 경험했다고 한다. 그 가운데 무려 92%가 '흔하다'고 답했고, 20%는 나이 때문에 고용·실패를 경험했으며, 10%는 나이 때문에 직장을 그만둬야 했다고 한다.

이렇듯 선진국에서도 연령 차별(노인 차별)의 실상을 깊이 들어가 보면 심각한 수준임을 알 수 있다. 100세 시대를 맞이하여 노인에 대한 편견을 없애고 인식을 바꾸는 변화의 바람이 세계적으로 불어야 하지 않을까.

## 싱가포르를 벤치마킹하라

싱가포르는 '모든 연령을 위한 국가'를 지향하며 '30억 싱가포르 달러 실행계획'이라는 정책을 통해 국민들의 성공적인 노후·존경받는 노후를 기대하고 있다. 이 정책의 목표는 노인들이 계속해서 일하고 배우며 성장할 수 있도록 돕고, 그들이 행복하고 자신 있게 노후를 맞이할 수 있게 하는 것이다.

싱가포르도 빠른 속도로 고령화가 진행되고 있지만, 비교적 외형상 노인에 대한 차별이 상대적으로 덜한 나라로 평가되고 있다. 50~74세 국민들에게 '노인들이 사회에서 존중받나?'라고 물었더니 '매우 그렇다'가 69.7%로 압도적이었다. 최근 1년 동안 모욕·학대 등을 받은 적이 있느냐는 질문에도 '전혀 없음'이 73% 였다.

2013년에는 싱가포르 정부 차원에서 '은퇴와 재고용법'을 만들어 고용주로 하여금 정상적인 건강 상태의 고령 근로자를 적극 재고용하도록 명문화했다. 그리고 재고용 연령을 2017년 7월 1일부터 65세에서 67세로 상향키로 했고, 60세 이상 근로자의 임금을 줄일 수 없도록 했다. 또한 65세 이상 근로자를 채용하는 고용주들에게 근로자 월급의 3%를 보전해 주는 'Work Pro 프로젝트'를 실행했다. 이 프로젝트로 12만 명의 고령 근로자가 혜택을 보게 되었고, 55~64세 거주자의 고용률이 2004년 47%에서 2015년 66.3%로 높아졌다. 싱가포르 역시 연령 차별은 존재하지만, 이런 정부의 끊임없는 노력은 높이 평가받고 있다.

서울대 한경혜 교수는 "모든 사람은 언젠가 노인이 되고, 현재의 연령 차별은 곧 젊은이들의 미래에 경험하게 될 잠재적 차별이며, 미래에 대한 불안을 상기시켜 그들의 미래 자아상에 부정적인 영향을 미치게 된다"고 말했다. 또한 "거시적으로는 사회통합에 걸림돌이 된다는 점에서 연령 차별(나이 차별)은 우리 사회가 극복해야 할 당면과제"라고 강조했다. 상명대 이금룡 교수는 "노인차별은 노인과의 접촉 기피, 노인에 대한 고용 차별, 대중매체와 관련한 부정적 노인 이미지의 고착화 등 우리 사회 노인문제의 다양한 양상으로 나타날 수 있다"면서, "이로 인해 노인의 경제적 빈곤, 노인 소외, 노인 자살 등 부정적 결과를 초래할 수도 있다"고 우려했다.

한국인의 절반은 '70세'부터 노인이라고 생각하는데, 이는 법적 노인 연령 기준(만 65세)보다 다섯 살 많은 것이다. 정부는 올해부터 노인 연령 기준을 올려 젊은 세대의 부양 부담과 복지 비용을 줄이고, 저출산 심화로 줄어든 생산가능인구를 보충하기 위해 노인 인력을 활용하는 방안을 논의하기로 했다.

## 100세를 넘어서도 현역

2016년 1월 NHK 교육방송에서 방영된 104세인 의사 히노하라 시게아끼 씨와 103세인 미술가 시노다 토오코 씨의 대담 프로를 본 적이 있다. 이 두 사람은 각각 병원 원장으로, 또 미술가로 현역에서 활발하게 사회활동을 하고 있었다. 나이가 많아서 두 사람의 대담이 잘될까 하는 불안감도 있었지만, 연륜이 있어서 그런지 다행히도 순조롭게 진행되었다.

의사인 히노하라 씨는 초등학생들에게 생명의 수업을 하고 있는데, 그 수업에서 "자신의 목숨을 세상을 위해 가치 있게 써야 한다"고 힘 주어 말했다. 한편 본인이 하고 싶은 대로 자유롭게 살아온 화가 시노다 씨는 "하고 싶은 것이 아무것도 없기 때문에 해결책도 모르겠다"라고 한 젊은이의 냉소적인 발언을 듣고, "그건 우리 나이 든 사람들이 그다지 즐겁게 살고 있지 않기 때문이며, 그래서 전적으로 노인들의 책임이다"라고 했다. 이런 우려는 앞에서 한경혜 교수가 지적한 내용과 맥을 같이한다.

인생의 목표를 소중히 여기는 히노하라 씨는 소지하고 있는 수첩에 앞으로 10년 동안의 스케줄까지 꽉 채워 놓았다. 반면에 인생의 목표는 세우지 않는다는 시노다 씨는 그날그날 되는 대로 살아가고 있다고 했다. 개념적이며 이론적인 히노하라 씨에 비해서 시노다 씨는 굉장히 현실적인 사람이다. 그러나 방송을 보고 있는 사이에 너무 개성이 다른 두 사람의 발언이 묘하게 설득력을 높여주고 있다는 생각이 들었다. 그 이유는 아마 두 사람이 현역에서 일하고 있다는 공통점이 아닐까! 돈을 얼마나 벌었는지, 어떤 지위에 있었는지 하는 것보다, 현역에서 일하고 있다는 점이 아마 가장 큰 영향을 주었을 것이다. 대담 중 수명이란 것은 사람마다 다르다는 이야기가 나왔는데, 왠지 마지막까지 생명을 불태우면서 열정적으로 살아가지 않으면 두 분에게 야단맞을 것 같다는 생각이 들었다.

대한민국 사회가 갈수록 노인이 살기 힘든 세상으로 빠르게 변화하고 있다. 가파른 고령화로 노인 복지제도를 마련할 시간이 부족했고, 경제위기로 노인에게 신경 쓸 겨를이 없었기 때문일 것이다. 현재 대한민국 고령인구 비율은 유소년 인구 비율보다 0.7% 앞선 13.8%로 나타난다. 이것은 우리나라가 초고령화 시대에 접어들었음을 알려주는 것이다. 그러나 대한민국 노인이 처한 현실은 처참하다. 우리나라 노인 빈곤율은 49.6%(2017년 통계청 추계)로 OECD 국가 중 가장 높은 수준이다. 이는 OECD 평균 12%에 비해 4배 가까이 높고, 특히 65세 이상 노인인구 2명 중 1명은 빈곤이라는 고통에 시달리고 있다. 그렇기 때문에 노인들의 일자리는 선택이 아니라 필수이다.

노인 복지혜택과 관련된 연령기준 상향에 대해 전문가들은 은퇴 후 연금을 받기까지 소득이 단절되는 일명 '소득 크레바스(절벽)' 대책이 먼저 마련되어야 한다고 목소리를 높인다. 기초연금, 국민연금을 비롯해 교통, 공공시설 등 각종 사회복지 시스템이 65세를 기준으로 구축된 상황에서 연령기준이 상향된다면, 사회 전반에 큰 혼란을 야기할 수 있기 때문이다. 정무성 숭실대 사회복지학과 교수는 "노인연령 상향은 고용정책 관점에서 접근해야 한다. …정년 연장, 임금 피크제 등 더 오래 일할 수 있는 환경부터 논의해야 한다"며 노인들의 소득 크레바스의 심각성을 지적한다.

9월 11일 NHK 위성방송 7시 뉴스에서 일본의 자민당 아베 정부는 '인생 100세 어떻게 살아가나'라는 주제로 '사람 만들기 개혁'이라는 프로젝트를 시작한다고 한다. 장수 시대에 나이에 상관없이 사회에 도전할 수 있는 개혁이다. 이 프로젝트를 추진하기 위해

재원을 조달하는 방법 중 하나로 교육 국채 발행 등을 고려하고 있지만, 차세대에게 너무 부담을 준다고 반대하는 여론도 있어서 앞으로 정부 차원에서 다각적으로 검토해 나갈 것이라고 한다.

앞에서 얘기한 히노하라 씨와 시노다 씨같이 고령의 나이에도 불구하고 현역으로 일할 수 있다는 것은 축복받은 인생일지도 모른다. 나이에 상관없이 사회에 도전할 수 있는 분위기를 만들고 있는 일본의 프로젝트는 초고령화 사회로 들어선 우리에게 시사하는 바가 매우 크다고 생각한다. 이웃나라의 앞서가는 정책이 많이 부럽게만 느껴진다.

# 품격 있는
# 사람이란

　한국인은 철이 들어갈 즈음부터 "사람이면 다 사람이냐, 사람이 사람다워야 사람이지"라는 말을 곧잘 듣는다. '사람다움'에 대한 열망은 인생의 철학이 되기도 하고, 스스로를 다스리는 훈계가 되기도 한다. 그래서 어려운 선택과 갈등의 때가 올 때, 오로지 사람답게 살아보려는 것을 잣대로 삼아 판단하고, 그 결과 자신의 인격과 품격을 주변에 드러내곤 한다. 사람다움, 즉 인성에도 격이 있어서 인격이라 한다. 인격이 높은 '고품격'인 사람은 매사에 교양과 품위가 몸에 배어 꽃이 향기를 내뿜듯 품격의 향이 주변인을 매료시킨다.

　그러면 교양과 품위는 어디서 오는가? 지식과 지혜가 있는 사람이라고 해서 반드시 교양 있는 사람이라고 할 수 없다. 그렇다고 대학 나온 사람, 유학 다녀온 사람과 같이 명성이 있다고 무조건 그렇게 칭하지도 않는다. 교양과 학력이 반드시 비례하는 것은 아니기 때문이다. 지하철 안에서 큰소리로 말하거나 음식을 먹는 사람, 매표소에서 새치기하는 사람 등, 유치원에서 배웠음직한 기본적인 공공질서를 안 지키는 사람이 스카이(서울대, 고려대, 연세대) 출신이라고 해서 갑자기 교양 있어 보이지는 않으니 말이다. 인기 프로 야구선수들이 껌을 질겅질겅 씹거나 침을 뱉으며 플레이하는 것을 이유 없이 따라하는 행동을 보면 교양 없어 보이기는 매한가지다.

우리는 일본의 식민지 시대에 강제로 받은 몹쓸 우민화 교육으로 인해 민족적인 자긍심에 대못을 박고, 한국인으로서 대대로 지켜온 전통을 비롯한 예절교육 또한 애석하게 빛이 바랬다. 오늘날 국회의원 같은 정치인과 기업인에게서도 교양을 찾기 힘든 것도 이런 까닭일까? 일본의 식민지로 전락하면서 대한민국 전체의 도덕과 윤리의 수준이 낮아진 것을 부인할 수 없다.

교양은 개인의 품성에 속하는 것이지만, 집단 안에서 말과 행동으로 표현될 때 비로소 교양이 나타난다. 요즈음 교양 대학에서 추구하는 리버럴 아츠(liberal arts)는 그 시대를 살아가는 '교양 있는 지식인'이 기본적이며 공통적으로 갖춰야 할 소양과 그에 관련된 학문들을 뜻한다. 그러므로 직업 또는 전문 능력을 강조하는 교육과는 구분되는 학문이다. 그런데 일본의 식민지 시대에 언감생심 이런 기본적 소양이니 교양이니 지식인이니 운운하는 것은 시대적으로 있을 수 없는 일이었을 것이다. 여기서 어려운 시대적 배경에도 불구하고 교양을 잃지 않은 독립운동가 이회영 선생을 소개한다.

독립운동을 위해 어마어마한 가산을 처분한 뒤 식솔들을 데리고 만주로 간 이회영은 이렇게 말했다. "슬프다. 세상 사람들은 우리 가족에 대해 말하기를 대한 공신의 후예라고 하는데, 우리 형제가 당당한 명문 호족으로서 차라리 대의가 있는 곳에 죽을지언정 왜적 치하에서 노예가 되어 생명을 구차히 도모한다면, 이는 어찌 짐승과 다르겠는가?" 그는 꺼져 가는 촛불과 같이 위태로운 시대에 지식, 돈, 명예를 버리고 도덕을 따른 것이다.

최근 들어 우리 사회의 건강을 가늠하는 지표 중 하나로 '관용과 배려의 미덕'이 자주 언급된다. 그러나 이것은 어느 시대, 어느 사회를 막론하고 항상 강조되어야 하는 '인간의 조건'이다. 그런데도 특별히 이 시대에 우리 사회에서 관용과 배려의 미덕이 강조되고 있는 이유는 최근 경제위기에서 비롯된 사회적 계층 간의 갈등이 그 같은 미덕을 시급히 요청하기 때문인 듯하다.

미래를 예측하는 이론은 그다지 믿을 만한 것이 못 된다고 하지만, 몇몇 저명한 미래학자들은 세계화된 경제체제 하에서 향후 사회는 중간 계층이 사라지고, 상위 20% 계층을 위한 '5분의 1 사회'로 재구성될 것이라고 예상하고 있다. 이런 극단적인 양극화가 미래에 초래될 것이라는 예측을 보면, 계층 간의 갈등이 더욱 심해질 것이다. 그 문제를 해결하는 관건으로 관용과 배려의 미덕은 사회적 건강을 위해 필요하다 못해 절실하다고 해야 할 것이다.

미국의 기상학자 로렌츠(Edward Norton Lorenz)는 이른바 '나비 효과'를 주장한 바 있다. 브라질에 있는 한 마리 나비가 날갯짓을 한다고 그것이 어떻게 미국 텍사스에 토네이도가 발생하는 원인이 될까 싶지만, 우리는 그러한 세계에 살고 있다. 우리가 사는 세상은 무질서해 보이지만, 비예측성 현상 속에 여러 법칙들이 존재한다. 우리가 사는 사회도 마찬가지로 한 사람 한 사람의 마음의 결, 즉 인격이 모여 서로 영향을 끼치며 나름대로의 법칙들을 만들어 낸다. 우리 사회가 아직도 건강한 사회라고 말할 수 있는 것은 자신의 마음의 결을 아름답게 하려는 열망을 가진 사람들이 있고, 또 그들을 응원하려는 사회적 신의가 아직 살아 있기 때문일 것이다.

이제까지 우리는 식민지라는 열악한 시대적 배경을 경험한 탓에 한국인이 말하는 사람다움이 무엇인지 잘 알지 못했고, 또 한국인이 이루려는 바람과 그 결과로 나타나는 열매가 얼마나 크고 대단할 수 있는지 잘 알지 못했다. 그래서 우리는 이미 이루어진 결과물을 보고 나서야 사람다움에 대한 꿈이 얼마나 큰일을 해낼 수 있는지 새삼 놀라게 된다.

대한민국의 근현대사를 보면, 이 땅의 산업 역군들이 세계를 무대로 삼고 활약해서 경제적으로 비약적인 발전을 하도록 해주었고, 세계에서 한국의 위상을 널리 떨쳤다. 한국 기술력의 우월함, 중동 같은 척박한 땅에서 보여준 한국인의 불굴의 의지, 개인의 꿈이 모이고 모여 국가적 꿈을 이룬 예라고 하겠다. 세계의 개발도상국의 부러움을 사고 본보기가 된 '한강의 기적'은 또 어떠한가. 나라 안팎으로의 발전은 개인의 꿈이 모여 대의를 이루어 낸 결실이라고 할 수 있다.

그런데 한국인이 한강의 기적을 이루었다고는 하지만, 그 이면에는 아직도 많은 그늘이 드리워져 있다. 세계 최고의 자살률과 세계 최저의 출산율은 매우 부끄러운 현실로써, 사람다움에 대한 열망이 자못 빗나가고 있음을 시사해 준다. 이를 바로잡기 위해서는 사람과 사람의 근원 문제, 사람의 사상과 문화를 탐구하는 것, 즉 사람다움의 길을 밝히고 푸는 인문학이 제 구실을 해야 한다. 인문학으로 사람의 사람다움, 내적 충실함, 맛과 멋, 배움과 익힘, 가르침과 다스림 등이 무엇인지 밝히고 풀 때, 사람다움에 대한 꿈이 더욱 탄력을 받아 성장할 수 있을 것이다.

안타깝게도 이 땅의 인문학은 아직 사람다움에 대한 충분한 고찰이 부족하고, 우리의 삶에 그 현안을 제시하지 못하고 있다. 무엇인지 밝히고 푸는 일보다 외국에서 들여온 이론이나 개념으로 이리저리 이 나라 실정에 맞추어, 각색하고 조합하여 서로 잘난 체하며 목소리를 높여 왔다. 우리는 이들에게 더 이상의 한강의 기적을 기대하기 어렵게 된 것 같다.

우리가 좀 더 사람답게 살기 위해서는 '사람다움'에 대한 연구가 주목적인 인문학자들이 앞서서 미래를 제시해 주어야 하고, 함께 걸으며 고민해야 한다. 기존의 난해한 이론이나 개념들을 가져다가 마구잡이로 적용시키고 해석하는 것보다, 이 땅에서 오랫동안 갈고 닦인 개념들, 즉 사람, 사람다움, 맛, 멋, 배움, 익힘, 가르침, 다스림 등과 같은 것을 더욱 분별할 수 있도록 힘을 길러줘야 한다. 인문학자들은 적어도 '사람'이 무엇을 뜻하는지 충분히 공부하지 않고 '人'이나 'Human'을 '사람'으로 풀어서 가르치는 정도를 학문이라 하며 으스대면 안 된다. 이런 일은 이미 시대착오적 발상이 아닌가 한다. 맹자는 같은 시대 같은 공간에서 친구를 찾는데에 만족하지 말고, 역사의 참된 벗을 찾을 줄 알아야 한다고 가르쳐 주었다. 시간과 공간의 초월은 물론 삶과 죽음의 심연마저 뛰어넘을 줄 아는 존재, 바로 그런 존재가 참다운 사람인 것이다.

그렇다. 사람은 보이는 것에 갇히지 않고 보이지 않는 것을 자유로이 상상하며, 펼쳐진 것에 얽매이지 않고 펼쳐질 것을 생각해 낼 줄 아는 사유하는 존재다. 벗어날 줄 알고, 넘어설 줄 알며, 새로운 것을 만들어 낼 줄 아는 존재이고, 의미를 찾아낼 줄 알고, 덧붙여 새로운 의미를 부여할 줄 알며, 재창조된 의미로 주변에 영향을 끼치며 사는 존재인 것이다. 그렇기에 사람은 스스로를 구별하여 호모 사피언스(Homo sapiens)라고 칭하고, 지구 역사상 최강이자 최약, 최악이자 최고인 것으로 발전을 이룩한 생명체임을 자처했다. 만물의 영장인 사람은 생물학적으로 힘센 동물에 비해 불완전한 존재인데도, 먹이사슬에서 제일 꼭대기에 위치하고, 완전함을 추구하며, 완전을 추구하는 행위를 옳다고 승인할 줄도 안다. 완전함은 신의 속성이나, 이를 추구할 줄 알기에 사람은 높은 상태로 자신을 끌어 올릴 수 있다.

사람다움, 곧 인성의 핵심이 바로 이것이다. 다만 독일의 시인 프리드리히 횔덜린(Johann Christian Friedrich Holderlin, 1770~1843)의 표현대로, 인성은 우리네 영혼 깊은 곳에 잠자고 있고, 고귀하지만 잠들어 있기에, 웬만해서는 없는 듯 잘 드러나지 않고, 드러난다고 해도 소유욕에 가려지고 과시욕에 쉬이 시든다고 했다. 살고자 하는 본능적 욕구 앞에 스스로 자신을 삭제하기도 한다고 인성에 대해 회의적으로 설명하기도 했다.

그렇다고 다른 것이 인성의 핵심을 대체할 수는 없다. 아무리 실용이란 가치만이 최고인 시대라고는 하지만, 인성의 핵심은 '자신을 높은 상태로 끌어 올리는 것'이다. 그렇게 함으로써 시공간에 갇혀 있는 유한한 존재이지만, 유한성을 넘어 완전을 추구하는 것 외의 것이 될 수는 없다.

미국의 사회심리학자이자 철학가인 에리히 셀리그만 프롬(Erich Seligmann Fromm, 1900~1980)은 인간의 삶의 방식을 놓고 소유냐 존재냐 하는 것으로 고민했다. 그는 "운명이 너에게 도달하도록 허용한 지점이 어디든지 간에, 있는 자리에서 완전하게 존재해

보자"고 말했다. 이렇게 외칠 줄 알고 실제로 그리 살아갈 줄 아는 것이 인성의 핵심이다.

이처럼 사람의 사람다움을 연구하는 것은 인문학자에게 국한되는 것이 아니라, 인간답게 살고 싶어 하는, 또 인간다움을 알고 싶어 하는 우리 모두의 숙제이다. 품격 있는 사람이란 인생을 살아가면서 본인이 맞닥뜨린 숱한 경험을 바탕으로 한 '인간 본질'의 탐구를 통해 '나다움'을 외칠 줄 알고, 실제로 그리 살아갈 줄 아는 사람을 뜻한다. 이 땅의 사람들이 오랫동안 갈고 닦아 온 개념에 바탕을 둔 인문학을 비판적으로 보는 힘을 길러 내고, 내 것으로 받아들여 사람다움에 대한 꿈을 알차게 만듦으로써 나의 격을 고양시키는 것이 품격 있는 사람의 모습이 아닐까 조심스럽게 생각해 본다.

PART 2

# 품격 있는 교육이란

# 동경대 학생은
# 바보가 되었나?

미래를 예견한 수많은 명저로 20세기를 뒤흔든 세계적인 석학 엘빈 토플러(1928~2016)가 2016년 6월 27일 타계했다. 그는 2007년 우리나라에 왔을 때, 한국이 대단한 성공을 거두었지만 과거의 성공에 안주하는 것만큼 위험한 일은 없다며 쓴소리를 아끼지 않았다. 특히 한국의 주입식 교육에 대해서는 "한국 학생들은 미래에 필요하지도 않을 지식과 존재하지도 않을 직업을 위해 하루 15시간씩 공부한다"며 일침을 가했다(《한국일보》 2016년 7월 5일자).

일본 최고의 저널리스트이며 지(知)의 거장인 타치바나 다카시는 『동경대 학생은 바보가 되었는가』(2002년)라는 책에서 일본의 교육 수준 하향화의 원인과 문부성(우리나라의 교육과학부에 해당)에 의한 교육 지배가 낳은 폐해를 체계적이고 종합적으로 지적하면서, 동경대학을 그 예로 들고 있다. 그는 동경대학 출신으로 모교에서 강의했던 경험을 이야기하면서, 동경대 학생들은 전문적 지식과 능력은 뛰어나지만 현대를 살아가는 데 필요한 최소한의 교양과 비판적 능력도 갖추지 못하고 있다고 신랄하게 비판했다.

또한 1980년대부터 2001년까지 수업시간을 줄이는 방식으로 진행된 유도리 교육의 취지는 과도한 주입식 교육을 지양하고 창의성과 자율성을 존중하는 이상적 교육이었지만, 결과적으로는 학생들의 기초 학력이 저하되고 PISA 등의 국제 학력 테스트에서 순위가 떨어지는 등의 폐해가 나타났다. 이런 유도리 교육에 대해 다치바나는 문부성 주도적인 교육제도가 일본의 지적 수준을 낮추는 망국의 지름길이었다고 일침을 가했다.

위에서 살펴본 바와 같이 유도리 교육의 여러 문제점들이 제기되면서 일본에서는 2002년부터 점차 수업시간을 늘려 나갔고, 지금은 예전의 교육으로 다시 돌아와 있다.

그는 이 책에서 '일본의 대학교수들이 문부성에 대해 왜 이렇게까지 약한 모습을 보이고 있는가?'라는 의문을 제기하며, "일본의 교육이 수평적이고 획일적이 된 가장 큰 원인이 대학교수들이 문부성에 대해 할 말을 제대로 하고 있지 않기 때문이다. 문부성이 재정이나 인사 문제를 움켜쥐고 있는 등 여러 가지 이유가 있겠지만, 대학교수들이 좀 더 당당한 모습으로 문부성의 요구를 거부할 필요가 있다"라고 말하기도 했다. 또한 그는 현행의 일본식 교육은 선진국을 따라잡는 데는 효과적일지 몰라도, 선진국과 경쟁할 수준은 되지 못한다고 단언한다. 이런 그의 생각이 이웃나라의 이야기로만 들리지 않는 것은 나의 지나친 노파심일까?

정권이 바뀌어 새 교육부 수장이 된 김상곤 교육부총리는 8월 17일 부산대학교 고(故) 고현철 교수 2주기 추도식에 참여해서 추도사에서 총장 선출, 대학 자율권을 보장하겠다고 했다. 고 교수는 2년 전에 대학의 자율화와 민주주의, 총장 직선제 등을 요구하며 투신하여 정말 안타깝게도 고인이 되신 분이다.

김 부총리는 "헌법이 보장하는 대학의 자율성을 존중하는 교육민주주의를 회복해야 한다는 고(故) 고현철 교수님의 뜻은 그간의 시대착오적이고 퇴행적인 정책들이 새롭게 거듭날 수 있는 계기를 다시 꽃피우고 있다"고 했다(《브레이크 뉴스》 2017년 8월 18일자).

이 땅에서는 정권이 바뀔 때마다 언제나 교육 개혁을 소리 높이 외쳐 왔다. 항상 처음에는 거창한 목소리로 개혁을 떠들지만, 실은 변죽만 울리면서 알맹이가 없었고, 그 때문에 그다지 변한 게 없었다. 늦은 감이 있지만 지금이라도 교육부가 대학의 자율성을 존중해 주는 방향으로 나아가는 것 같아 다행이라는 생각이 든다. 끝까지 지금의 초심을 잃지 않기를 다시 한 번 기대해 본다.

## 세계 대학들의
## 서로 다른 고민

요즘 즐겨 보는 JTBC의 시사교양 프로그램 '차이나는 클라스'에 출연한 미국 스탠포드 대학교 폴 김(Paul kim) 교수는 다음과 같은 이야기를 했다. 한국 대학의 대부분의 강의실에서는 질문하는 학생이 별로 없으며, 교수와 학생 사이에서 생각의 공유 같은 건 찾아보기 어렵다고 했다. 기껏 물어보는 것이 "삼성에 취업하려면 어떤 공부를 해야 하나요?" 같은 너무나도 현실적이고 도전 정신이 부족한 생각과 단순한 질문들뿐이라고 했다. 그런데 스탠퍼드 대학교 학생들은 다르다고 한다 "내가 삼성을 만들려고 하는데 어떻게 생각하세요? 혹은 나는 이렇게 하면 삼성을 만들 수 있는데, 왜 안 된다고 생각하십니까?"라고 당당하고 도전적이며 저돌적으로 교수에게 요구한다고 한다.

우리 학교 학생상담센터에서는 2017년 신입생 실태조사를 통해 대학에 진학한 목적에 대해 조사한 적이 있었다. 이 조사에서 '유망한 직업을 갖기 위해'라는 항목이 있었는데, 36.6%로 가장 많은 학생들이 이것을 선택했다. 물론 학교에 따라 조금씩 다른 결과가 나올 수도 있지만, 아마도 대부분의 학생들이 이런 이유로 대학에 오는 것은 아닐까?

이런 상황에 대해 김 교수는 우리의 획일적인 주입식 공교육을 하고 있는 중등교육에서 그 원인을 찾을 수 있다고 했다. 획일적인 주입식 공교육에서는 교사가 강의식으로 설명하면 학생은 그것을 암기하고, 그 암기한 것을 교사가 평가하는 방식이다. 질문이 배제되고 커뮤니케이션(상호 전달) 없이 일방적으로 가르치기만 하는 교육은 학생이 갖고 있는 학습 잠재력과 의욕을 점점 상실하게 만들어, 결과적으로는 자기 능력을 향상시킬 수 있는 기회를 박탈당하게 된다.

그렇다면 질문을 잘하게 하려면 어떻게 해야 할까? 김 교수는 진정한 교사가 되고 싶으면 가르침을 행하지 말고, 대신에 질문을 던지고 학생 스스로 깨우쳐 탐구하게 하고, 스스로 호기심을 갖게 해야 한다고 했다. 그는 70분 수업에서 20분 정도만 강의를 하고, 나머지 시간은 학생들 스스로 생각하고 의견을 도출해 낼 수 있게끔 토론을 시킨다고 했다. 또한 본인은 학생들을 스타로 보기 때문에 티처(teacher)가 아니라 코치(coach)라는 호칭이 알맞다고 말하고 있다. 코치의 역할은 학생들을 스타로 만들기 위해서 그 학생의 특성이나 자질에 대해 잘 파악하고, 그에 맞는 처방을 내놓아야 한다는 것이다.

전적으로 동감하는 말이다. 또한 우리나라 교육이 바뀌어야 하는 이유이기도 하다. 교사는 더 이상 '강단 위의 현자'가 아니라 옆에 서 있는 안내자(학습 코치·멘토)가 되어, 교사와 학생 모두가 혁신의 장본인, 변화의 주체가 되어야 할 것이다.

요즈음 한국의 대학들은 학생 감소로 곤경에 처해 있다. 서울이나 수도권을 제외한 지방대학의 입학생 수가 점점 감소하면서 빈자리가 늘고 있기 때문이다. 이런 경향은 해가 갈수록 점점 가속화될 것이라고 본다. 일본의 대학들도 사정은 마찬가지다. 그러나 이런 한국과 일본의 사정과는 달리, 북미나 유럽 권(영어를 공통어로 쓰는) 대학들은 전 세계에서 몰려오는 학생들로 즐거운 비명을 지르고 있다. 세계의 글로벌화가 초래한 빈익빈 부익부 현상이다. 부를 거머쥔 부유층들이 자녀들을 영어권 대학에 보내고자 안간힘을 쓰고 있기 때문에, 대학들은 세계 각지에서 밀려오는 지원자들로 때 아닌 호황을 누리고 있다.

또한 로버트 필립슨 교수는 『언어제국주의』(2013)라는 책에서, 대학 교육에 있어서도 영어 제국주의 시대가 도래했다고 말한다. 필립슨 교수는 기조연설에서 "제국주의 시대에 지배국의 언어가 식민지 경영을 위한 도구로 사용되어, 식민지의 민족어가 소수만 살아남았으며, 식민지 시대 이후에도 언어를 통한 지배 현상은 계속되고 있다. 특히 영어는 엘리트 집단을 형성하는 중요한 언어가 되어 자본주의의 신 제국주의적 언어로 발전했다"라고 주장한다.

영어 권력이 글로벌 세계를 휩쓸면서, 세계의 대학들 간에도 빈부의 격차가 점차 커지고 있다. 한국의 대학들 간에도 글로벌화의 여파가 미치고 있으며, 영어권 대학과 비영어권 대학들 사이에서도 빈부의 격차가 점차 벌어지고 있다. 고객이 몰리는 곳에는 부가 창출되고, 고객이 빠지는 곳에는 빈곤이 감돈다. 교육의 글로벌화는 빈곤한 곳에 더 많은 희생을 강요하고 있다.

반면 영어권 정부들은 세계로부터 밀려오는 학생 지원자가 늘자 대학에 대한 재정 지원을 줄였다. 표면상으로는 공공재정의 부족을 이유로 들었지만, 속내는 대학 스스로 재원을 충당하라는 압박이다. 지원을 줄인 결과 영어권의 대학들은 조금씩 등록금을 올리기 시작해서 이제는 하늘 높은 줄 모르고 치솟고 있다. 이런 상황에서도 대학의 운영이 가능한 것은 비싼 등록금을 감당할 수 있는 세계 각지의 부유층이 증가하고 있기 때문이다. 국내 학생들에 비해 세 배 네 배의 비싼 등록금을 내도록 해도 큰 문제가 되지 않는다. 이렇게 대학교육은 어느새 돈 버는 수단으로 전락하고 말았다.

로마가톨릭 교황도 이미 지적했듯이, 미국이 주도한 세계 경제의 글로벌화가 가져온 것은 빈부의 격차와 비정규직의 양산이었다. 우리나라의 많은 대학들도 글로벌화의 논리 속에 비정규직(비 정년 트랙 교수와 교직원)을 끌어안았다. 누구를 위한 글로벌화인지 깊이 인식하고 논의해 보지도 못한 사이에 이미 많은 사람들이 고통의 늪에 빠져 버렸다.

# 공부가 의무이면
# 놀이는 권리다


몇 년 전 캐나다에 가족이 살고 있어서 여행을 간 적이 있다. 그때 나는 밴쿠버 다운타운에 있는 서점을 방문했다. 그곳 서점 2층에 올라갔을 때 나는 눈을 의심했다. 서점이 갖고 있는 보통 이미지와는 달리, 2층 공간의 절반을 어린이들이 좋아하는 풍선도 띄워 놓고 즐겁게 뛰어놀 수 있는 놀이터로 만들어 놓았기 때문이다. 부모와 아이들이 놀면서 그림책도 보고 퍼즐도 맞추는 행복한 모습이 무척이나 인상적이었다. 그 모습을 보면서 우리도 이런 서점이 많으면 아이들이 좀 더 행복해지지 않을까? 어려서부터 이런 환경에서 자라면 책에 대해 즐거운 이미지를 갖게 되고 정서적으로 안정된 사람으로 성장할 수 있지 않을까 하는 상상을 해보았다.

요즘 우리나라 교육의 현실은 너무나 개탄스럽다. 어렸을 때부터 배워야 하는 것들이 너무나 많다. 부모들이 아이에게 무엇을 가르칠까 고민할 때 가장 중요하게 생각해야 할 것은, 우선 아이가 정말 배우고 싶어 하는지, 그리고 아이의 적성에 맞는지 하는 것이다. 우리 아이들은 앞으로 오지도 않을 미래를 위해서 온갖 고생을 강요당하고 있기 때문이다. 대한민국에서는 아이 노릇하기가 너무 힘들다. 자신들의 특권이자 권리를 누려 보지도 못하고 있다. 놀지도 못한다. 이런 한국의 현실에 대해서는 앞에서 언급했듯 세계적인 석학 엘빈 토플러가 지적한 바 있다.

백 번 양보해서 공부가 아이들의 의무라고 치자. 그렇다면 놀이는 그들만의 권리이자 특권이다. 그럼에도 불구하고 아이들은 자신의 권리를 누려 보지도 못한다. 학교에 들어가자마자 온갖 경쟁에서 앞서기 위해 안간힘 써야 하고, 그 순간부터 친구는 더 이상 친구가 아니라 경쟁자가 된다. 우리나라에선 1등만이 최선의 가치이기 때문이다.

사정이 이렇다 보니 우리 아이들에게는 나 이외의 모든 것이 경쟁의 대상일 수밖에 없다. 친구를 경쟁자로 보는 사람이 어떻게 다른 사람들을 포용하고 배려하며 이끌어 나갈 수 있단 말인가? 아이들에게 타인을 배려하고 더불어 공존해야 한다는 교육을 어떻게 시켜 나갈 수 있을까? 부모들이 우선적으로 해야 할 일은 아이들의 권리를 인정하고 놀게 해줘야 한다. 친구를 더 이상 경쟁 대상이 아니라 협력 대상으로 인식하게 해야 한다. 진정으로 아이를 리더(leader)로 기르고 싶다면 말이다.

어제 집에 오는 길에 아래층에 사는 초등학교 5학년 아이를 만났다. 엘리베이터 안에서 녹초가 되어 피곤해 하는 모습이 안쓰러워, 학교에서 수업이 끝나고 오냐고 물었다. 그러자 태권도 도장에 갔다 오는 길이란다. 학교 공부 외에 무엇을 배우느냐고 문자, 학원에서 영어, 수학 등 무려 5가지를 배운다고 했다. 우리나라 아이들의 현실을 보는 것 같아 마음이 착잡하고 무거웠다.

영국 아동단체 '어린이사회'가 발표한 《2015 행복한 성장기 보고서》에서 한국 어린이들이 15개국 중에서 가장 불행하다(9.8%)는 조사 결과가 발표되었다. 우리나라가 불명예 1위를 차지한 것이다. 또한 한·중·일 3개국 아이들의 일상을 비교한 연구에서도 우리 아이들의 조기교육 시간이 가장 많고, 수면시간이 제일 짧았다.

우리나라 어린이들의 일상은 유치원, 어린이집, 학원 등 주로 실내에서 많은 시간을 보낸다. 집에 와서 학습지를 공부하거나 스마트폰을 가지고 노는 경우가 많다고 한다. 이렇게 자란 아이들은 기다림에 익숙하지 않고, 타협이나 감정 조절을 제대로 하지 못하며, 참고 견딜 줄 모르는 이기적인 인간이 된다. 또한 ADHD(주의력결핍 과다행동장애)나 우울증, 자폐증 등으로 나타날 가능성이 높다고 한다.

아이들을 행복하게 해주는 방법은 아이를 아이답게 키우는 것이다. 아이답게 키우기 위해서는 부모가 최대한의 시간을 할애

하여 아이와 교감하며 놀아 주어야 한다. 그리고 스트레스를 받지 않도록 자연 속에서 마음껏 뛰어놀게 해주면 아이들의 신체 발달에도 좋은 영향을 주고 창의력과 사회성 발달도 돕는다.

아이가 유치원이나 어린이집에서 돌아오면 "오늘 뭘 배웠니?"라고 묻지 말고 "오늘 뭐하고 놀았니? 얼마나 재미있었니?"라고 물어야 한다. 그러면 아이와의 친밀감도 생겨난다. 그리고 아이의 말을 잘 듣고 반응해 주면 아이와의 친근한 관계도 배가된다. 공부를 강요할수록 아이는 엄마와 멀어지고 스트레스를 받게 된다는 사실을 명심해야 한다. 그리고 공부가 그들이 해야 할 의무라면 스스로 생각하는 법을 가르치고, 자율적으로 행동하는 능력을 길러 줘야 할 것이다. 자율적으로 생각하고 행동하게 되면 자기를 귀하게 여기는 식별력, 즉 자존감이 생겨난다. 자존감이 생기게 하려면 다른 사람과 어울리며 함께 노는 것이 제일 좋은 방법이다. 자신을 귀하게 여기는 교육부터 출발해야 자존감 있는 아이로 성장할 수 있다.

놀이 문화는 아이들에게 무한한 상상력을 키워 준다. 새로운 혁신을 상징하는 제4차 산업혁명은 엄청난 컴퓨터 연산 능력, 빅데이터, 과학기술을 활용해 남들이 생각하지 못했던 새로운 가치를 창조하는 프레임으로 이뤄진다. 제4차 산업혁명의 핵심은 콘텐츠이다. 이는 상상력을 기반으로 기존의 지식과 자원들을 창의적으로 잘 엮어 새로운 스토리를 만드는 것이다. 결국 상상력인 것이다.

독일 태생의 이론물리학자로 1921년 노벨 물리학상을 받은 알버트 아인슈타인은 "창조적인 일에는 상상력이 지식보다 더 중요하다"고 말했다. 또한 프랑스의 미생물학자로 1928년 발진티푸스를 연구해서 노벨 생리의학상을 수상한 샤를 니콜 역시 "새로운 사실의 발견, 전진과 도약, 무지의 정복은 이성이 아니라 상상력과 직관이 하는 일이다"라고 말했다. "창작의 전제는 상상이다"라는 말도 있다.

'상상력'은 선입관과 고정관념으로 제한된 사고의 틀을 넘어 다양한 갈래로 자유롭게 사고하는 능력이라고 정의할 수 있다. 상상력은 어려서부터 형성되기 때문에 아이들이 재능 있는 분야에서 자유롭게 꿈을 키워 나갈 수 있게 해주어야 한다.

그러나 우리의 현실은 어릴 때부터 시험, 숙제, 학원 등의 획일화된 틀에 갇혀 꿈을 생각할 시간조차 없다. 이런 상황에서 우리 아이들에게 상상력, 창의력을 어떻게 기대할 수 있겠는가? 미국의 극작가인 조지 버나드 쇼(1856~1950)는 상상력을 키우는 것에 대해 다음과 같이 말했다. "상상은 창조의 시작이다. 간절한 바람을 상상하고, 그 다음 상상한 것을 바라고, 그리고 결국엔 바라던 것을 창조한다."

인간의 성장 발달에는 어렸을 때의 가정환경이 매우 중요하기 때문에 자녀교육에 대한 부모의 관심과 절제된 애정, 배려가 필요하다. 부모는 그런 환경을 자녀에게 마땅히 만들어 주어야 할 의무가 있다. 미래학자 앨빈 토플러는 1970년에 출간된 그의 책 『미래의 충격』에서, 자녀교육은 중요하고 어렵기 때문에 부모는 자녀교육 전문가가 돼야 하고 '부모 자격증'을 가져야 한다고 말하기도 했다.

아이가 갖고 태어난 DNA가 무엇이든 간에, 어릴 때 부모가 만들어 주는 환경은 그의 성장과 발달에 있어 반드시 필요 불가결한 영양소이다. 아이가 커서 자신이 부끄럽지 않은 '된 사람'이 될지 어떨지는 어릴 때의 환경이 결정한다. 일반적으로 말하는 '교육적 환경'이라는 것은 아이를 신체적으로 튼튼하고, 지적으로 영특하고, 성격적으로 올곧게 키워 주는 것이다.

화가 파블로 피카소는 "아이들은 누구나 예술가다. 문제는 어른이 되어서도 예술가일 수 있느냐는 것이다"라고 말했다. 전적으로 공감이 가는 말이다.

# 대학 없는 세상,
# 생각해 보셨나요?

가끔 동네에 있는 커피숍에 들르면 주부들이 환담을 나누는 모습을 보게 된다. 그냥 이웃들과 차 한 잔 하는 이 모임에는 대부분 자녀 교육에 관한 최근의 학원 정보나 대학 진학 등의 얘기를 나누고 있다. 그들의 대화 중에서 주된 화제 거리는 S대, K대, Y대로서 소위 말하는 SKY 대학이다. 모두 자식들의 진학 목표가 이들 대학인 모양이다. 동네 학원의 합격 관련 현수막도 마찬가지다. 이런 정도이니 모두 기를 쓰고 자식을 여기에 보내려 한다. 대한민국에선 한 번의 입학으로 평생 이 마크가 먹혀드니, 그럴 만도 하다. 적어도 지금까지는 그랬다.

2015년 인천에서 열린 '세계교육포럼'에서 한국 교육은 전 세계의 뜨거운 관심을 받았다. 세계가 주목하는 한국의 성장 신화와 민주화를 이끈 동력이 바로 교육이기 때문이다. 전쟁의 와중에서도 교육은 계속됐고, 우리네 부모들은 에듀푸어(edupoor)를 감수하면서 자식 교육에 모든 것을 걸었다. 한국의 사례는 세상과 삶을 변화시키는 가장 강력한 힘이 교육이라는 것을 충분히 증명하고도 남는다. 하지만 한국 교육의 놀라운 발전상 이면에는 과도한 입시 경쟁, 사교육 과열과 교육의 양극화, 정부의 부당한 규제 등 불편한 진실이 숨겨져 있다.

우리나라가 참된 교육으로 나아가기 위해서는 무엇보다도 '교육열'에 대한 개념부터 재정립해야 한다. 우리는 지금껏 학부모의 이기적 교육열이 높은 것을 두고 '한국인은 교육열이 높다'고 말해 왔다. 그럼으로써 교육열의 실상을 제대로 인지하지 못하고 있었다. 예컨대 독일이나 프랑스는 학부모의 이기적 교육열은 한국보다 크게 낮지만, 국가나 부모나 교사의 공공적 교육열은 한국보다 크게 높다. 이 때문에 독일과 프랑스는 한국보다 공교육의 사회적 효율성과 가치가 매우 높은 나라다. 누군가 '독일이나 프랑스는 한국보다 교육열이 낮다'고 말한다면, 그것은 우스갯소리에 지나지 않는다.

우리는 지금까지 공공적 교육열이 매우 낮은 것을 인식하지 못하고 학부모의 이기적 교육열이 높은 것만을 강조해서 '교육열이 높다'고 허세를 부려 왔다. 만약 정말 우리의 교육열이 높은 것이 사실이라면, 교실 붕괴, 학교 폭력, 입시 지옥, 학원 열풍, 조기 유학, 기러기 아빠 등과 같은 교육의 폐해를 어떻게 설명할 것인가?

그런데 이런 문제는 대학을 가기 위해 목을 매는 과정에서 파생된다. 한국 사회에서는 대부분의 사람들에게 대학이란 꼭 가야만 하는 과정이다. 하지만 대학을 꼭 가야만 하는 이유가 뭐냐고 물으면, 거의 대부분의 사람들이 "그래도 대학이라도 가야 취직을 한다"라고 말한다.

우리는 왜 대학에 가는가. 대학만 가면 그 간판으로 좋은 직장에 취직하고 성공적인 인생이 보장되리라는 막연한 기대 속에서, 남들이 가니 나도 간다는 안일한 생각을 가지고 있다. 대부분의 학부모와 학생들은 대학 교육을 오로지 직업을 갖고 돈 버는 수단으로만 생각한다.

여기서 우리는 보다 근본적인 것에 대해 한 번쯤 의문을 제기하고 넘어갈 필요가 있을 것 같다. 도대체 대학이 뭐기에 꼭 가야만 하는가. 대학은 학문의 장인가, 취직을 위한 학원인가. 만약 대학이 취직하기 위해 거쳐야 할 과정이라면, 고졸 학력과의 차별성을 부각시키는 것 외에 또 어떤 가치가 있는 것인가?

오늘날 이 땅에서 학부모의 이기적 교육열은 자녀를 사교육의 노예로 만들고 있다. 이런 사교육은 국가가 막대한 자원을 쏟아넣는 공교육을 엉망으로 만들 뿐만 아니라, 부모와 자녀 사이를 멀어지게 만든다. 또한 이런 이기적 교육열은 가족 이기주의의 볼모가 되어, 교육을 마치 입신출세가 주목적인 것처럼 본질을 오도하게 되고, 결과적으로는 모든 가족 구성원의 희생을 당연하게 요구하는 잘못된 현상으로 나타난다.

대학은 사회 변화에 발맞춘다는 명목 하에 빠르게 기업의 요구를 수용하는 취업사관학교가 되어 가고 있다. 대학의 취업률을 기준으로 한 학과 구조조정, 영어 교육 강조, 상대평가의 일반화 등 급격한 변신에도 불구하고 10년 전 등장한 취업 3종 세트(학벌, 학점, 토익 점수)는 지금은 취업 9종 세트(자격증, 어학연수, 공모전, 인턴, 봉사, 성형+3종)로 진화했다. 기업화를 통해 대학이 사실상 학생들의 취업도 학문의 다양성도 지키지 못했다는 것을 『진격의 대학교』(2015)에서 오찬호 교수는 다음과 같이 폭로하고 있다.

"대학은 교육 릴레이의 마지막 주자다. 애초의 목적을 잃어버린 경주지만, 마지막 주자는 포기하지 않고 결승전을 향해 보란 듯이 진격한다. '무감'을 만들어 내고 '영어'를 숭배하고, 돈만 되면 무엇이든 하고, '비판'을 무의미한 것으로 간주하는 대학에는 고통을 고통이 아닌 것으로 받아들이는 주술만 가득하다."

대학에서 강의를 하고 있는 그는 이 책에서 대학의 현주소를 예리하고 신랄하게 비판하고 있다. 대학에 몸담고 있는 한 사람으로서 공감되는 내용이 많다.

요즘 대학을 선전하는 내용 중 하나는 취업률이다. 밥 벌어먹고 살기 힘든 시대에 대학이 취직을 보장해 준다면야 대환영할 일이다. 어느 나라든 대학이 취직을 위한 준비 과정으로 기능하는 것은 아주 중요한 역할 중 하나일 것이다. 하지만 우리나라에서는 대학을 취업률로만 선전한다. 그 때문에 대학이 단순히 취직을 위한 과정으로만 보이고 있는 점은 매우 안타깝다. 상대적으로 수도권 대학들에 비해 열악한 환경에 처해 있는 지방 대학들로서는 정말 어쩔 수 없는 발버둥일 수 있을 것이다. 하지만 대학을 취업률로 평가해야만 하는 현실을 또 우리는 어떻게 바라봐야 하는가. 예전에는 대학을 흔히 '학문의 전당', '지성의 산실'이라고 불렀다. 그러나 요즘은 이렇게 말하는 사람도 드물고, 어쩌다 이런 표현을 들으면 어색하기조차 하다. 그것은 아마도 우리나라 대학이 갖는 근시안적인 시각, 우리나라 교육계의 철학 부재, 자녀를 양육하는 부모들의 출세지향주의가 맞물려 돌아가기 때문이 아닌가 생각한다. 물론 누구나 자기 자식이 좋은 직업을 갖고 돈 많이 벌고 권력자가 돼 호의호식하며 살아가기를 바라는 마음을 가질 것이다. 그렇지만 대학이 그런 편향된 요구들을 담아내는 장이 되어간다면, 좀 심각한 일이 아닌가 싶다.

맹목적인 학벌지상주의는 '교육 과잉'을 낳고, 대학은 이를 이용해 화려한 외관, 연예인 영입, 이벤트성 행사 등으로 학교 홍보와 학위 장사에 여념이 없다. 도대체 대학에 대학 정신과 철학이 있는가. 실생활에 필요한 교육기관으로서 사회와 격리된 상아탑도 문제지만, 자본의 지배를 받는 상아탑은 더욱 문제다. 기업과 사회는 학생들을 자신들의 입맛에 맞는 완성품을 요구하고, 학생들은 취업을 위한 지식과 기술을 대학에 기대한다. 이런 현실 속에서 대학은 진리탐구와 인격도야라는 본연의 가치와 임무를 어떻게 조화시킬 수 있을 것인가. 국가와 기업에 휘둘린 채 정체성과 자율성을 잃고 우왕좌왕하는 한국 대학이 해결해야 할 문제가 이것이다. 대학이 변해야 교육이 산다.

## 대학 없는 세상,
## 그곳은 정말 지옥일까!

일본이나 캐나다에서는 월급이나 사회적 대우에 별반 차이가 없기 때문에, 대학 졸업자들이 직업 선택에 그다지 크게 어려움을 느끼지 않는다. 이들 사회에서는 학벌에 관계없이 노동에 대한 대가를 균등하게 지불하기 때문에 사는 것이 비슷한 것이 당연하다는 상식이 지배적이다.

캐나다 정부는 지난 수십 년간 고졸자와 대졸자가 평생 버는 소득의 격차를 줄이는 데 많은 노력을 기울여 왔다. 그 결과 지금은 고졸자가 평생 버는 돈이나 대졸자가 평생 버는 돈이나, 그 차이가 거의 무의미해졌다고 한다. 국민들은 그러한 정책을 펴는 정부를 선택해 왔고, 정부는 국민의 선택에 따라 그런 정책을 추진해 온 결과다.

내가 일본에서 유학할 때(1981년경) 학교 연구실에서 우연히 창밖을 보다가, 주차장에서 우리 건물을 청소해 주는 아주머니가 차를 타고 가시는 것을 본 적이 있다. 그렇게 좋은 차는 아니었지만, 한국에서는 그때 청소부 아주머니가 자신의 차를 타고 퇴근한다는 것을 상상도 못 하던 시절이었다. 그때 나는 '역시 일본은 부의 평균화가 이루어진 선진국이구나' 하는 부러움이 들면서, '우리나라는 언제쯤이면 일본같이 국민들이 골고루 잘사는 나라가 될 수 있을까?'라는 생각을 했다.

미래학자이며 펜실베이니아 대학교수인 제러미 리프킨은 『공감의 시대』(2010)에서 "수입 격차가 크지 않은 사회에 사는 사람들은 남을 부러워하지 않고 더 행복하며 더 많이 공감하는데, 유럽연합회원국(EU)이 이에 해당한다"고 말한다. 또 영국의 저명한 작가 리처드 윌킨슨도 절대 빈곤을 탈피한 국가의 경우 상대적 격차가 큰 나라일수록 사람들이 불평등에 상처받고, 열등감, 우울, 불안 등을 느끼게 되고 국민 건강수준이 나빠져서, 결국에는 불평등이 사회를 병들게 한다고 주장한다(『평등해야 건강하다』, 2008). 고등학교 졸업장만 가지고도 취업해서 괜찮게 먹고살 수 있고, 비정규직으로 일하다가 일자리를 잃어도 복지수당을 통해 기본적 생활을 영위할 수 있으며, 직종 간 임금격차가 지금보다 감소한다면, 대입 경쟁은 자연스럽게 완화될 것이다.

이쯤에서 다시 질문을 던져 본다. 한국 사회를 괴롭히는 대졸자 취업 문제는 과연 어디서 연유하는 것일까. 정부가 대학을 개혁하라고 압력을 가하며 몰아친다고 해결될 문제일까. 어느 정도 효과가 있을지는 몰라도, 그런 표면상의 응급처치로는 어림없는 문제로 보인다. 대학 교육의 근본적인 문제는 우리 사회구조와 맞물려 있기 때문이다.

한국의 많은 대학 졸업자들에게 대기업은 직장이고 다른 중소기업들은 직장이 아닌 지 이미 오래됐다. 일본과 미국에는 한국과 같은 재벌의 독점 구조가 존재하지 않는다. 왜냐하면 국민들이 거부하기 때문이다. 한국에서는 유례 없는 큰 임금 격차를 바탕으로 소수가 이익과 인재를 독점하고, 다수를 지배하고, 나머지는 아무것도 아닌 존재로 남아 있는 한, 대졸자의 취업 문제는 계속될 수밖에 없다.

1년 전 모 TV 방송의 앵커가 우리나라 대학 졸업생들의 암울한 미래를 재미있게 도표로 만든 것을 인터넷에서 본 적이 있다. 문과, 이과생을 막론하고 젊은 시절에는 대학의 전공 관련 업무에 종사하다가, 나이가 들면서 실직과 함께 결국은 치킨 집을 하게 된다는 황당한 현실을 희화화한 도표였다. 아마도 사오정(45세면 정년), 또는 오륙도(56세까지 직장 다니면 도둑놈)라는 현실을 풍자한 얘기인 듯하다.

요즘은 수명이 점점 늘어서, 건강이 허락한다면 70~80세까지 일을 해야 하는 시대에 살고 있다. 즉 대학 졸업 후 40년 이상을 더 일해야 하는 셈이다. 불과 대학 4년의 교육만으로 이 40여 년을 계속 활용한다는 것은 이치에 맞지 않는다. 특히 새로운 지식과 기술이 그야말로 하루가 다르게 변화하고, 인공지능 사물 인터넷(IOT-Internet of Things)이 주를 이루는 지금 시대에는 더더욱 그렇다. 다시 말해, 교육도 새 시대에 맞게 변해야 한다는 것이다.

미래학자들은 현재의 대학이 사라질 것이라고 전망한다. 최소한 지금과 같은 형태의 학생과 교수, 강의실과 캠퍼스를 갖춘 물리적인 형태의 대학 구조는 사라질 것이라고 예측한다. 사실 그런 변화들은 이미 시작됐다. 세계의 오픈 캠퍼스 역할을 담당하는 무크(MOOC : Massive Open Online Course)는 이런 변화의 시작을 느끼기에 충분하다. 지구상에서 가장 우수한 교수의 강의를 국경을 초월해 수강 가능한 시대에 우리는 살고 있는 것이다.

대학 시절에 한 번 익힌 지식으로만 버티기에는 한계가 있다. 지금과 같은 시대에 새로운 지식을 흡수하지 않으면 도태하고 말거라는 것은 자명한 논리이다. 이는 과학, 공학, 의학뿐만 아니라 인문, 사회과학 그리고 모든 실용적인 영역에서도 마찬가지다. 다시 말해, 모든 국민이 자신의 전문 분야에 대한 열정과 노력으로 평생 학습이 요구되는 시대에 살고 있다는 것이다. 그래도 다행스러운 것은, 그 지식 획득의 수단들이 과거와는 달리 지금은 세계 도처에 존재한다는 것이다.

# 알파고 쇼크,
# 새로운 교육이 필요하다

지난해에 나온 '알파고의 승리, 생각보다 미래가 너무 빨리 왔다'라는 헤드라인 뉴스는 하나의 쇼크로서 인류 전체를 긴장시켰다. 세계도 이제는 정말 예측할 수 없을 정도로 빨리 변할 수 있겠구나 하는 생각을 했다. 중국의 급부상, 북한의 핵 위협, 일본의 우경화 등은 외교, 국방, 경제에 있어서도 세계 속에서 한국의 입지가 더욱 어려워지고 있음을 시사해 준다. 청년 일자리, 저출산에 따른 인구 감소, 고령화 사회 복지부담 등은 물론 갈등, 부패, 자살, 이혼 등의 사회병리 현상도 갈수록 깊어지고 있다.

지난 1월 다보스 포럼에서는 '제4차 산업혁명'을 이야기하며, 인공지능과 로봇의 발달로 5년 뒤 일자리 510만 개가 없어진다고 했다. 20년 안에 지금의 일자리 중 47%가 컴퓨터와 기계로 대체될 것이고, 올해 7살이 되는 어린이의 65%는 지금은 없는 새로운 일자리에서 일하게 될 것이라고 한다. 또한 많은 일자리가 없어지면서 소수의 고소득 전문 직종과 저소득 단순 노동으로 양분화되어, 양극화 현상이 더욱 심해질 것이라고 한다.

제4차 산업혁명은 인공지능이나 로봇, 사물 인터넷(IoT) 등 첨단 기술을 산업에 응용하는 것 이상의 엄청난 변화이다. 이 혁명은 단순한 기술 발전만이 아니라, 한 사회의 사회경제 시스템 자체도 바꾸어 놓을 수 있는 놀라운 변화를 초래할 것이다. 예를 들어 인공지능과 로봇이 지금까지 인간이 수행해 온 노동을 대체하게 된다면, 이로 인한 대규모 실업에 대비하여 사회적 안전망을 구축해야 하며, 사회성이나 소통 행위 같은 인간 고유의 특성을 차별화해야 한다.

이런 점에서 제4차 산업혁명 시대에 필요한 인재는 새로운 기술을 실생활에 접목시킬 수 있는 창의적 사람이어야 하고, 이 혁명이 주도하는 사회 변동에 유연하게 대처할 수 있어야 한다. 따라서 대부분의 교육계 관련자들은 지식이 많은 사람보다는 창의성과 협동심을 갖춘 인재가 제4차 산업혁명 시대를 주체적으로 주도할 것이라고 말한다. 사실 지금도 휴대폰을 가지고 인터넷만 연결되면 얼마든지 필요한 지식 정보를 쉽게 얻을 수 있는 환경에 놓여 있지 않은가.

이런 상황에서 곧 다가올 미래를 대비하여 대학 교육은 현재 학생들에게 무엇을 준비시키고 있는가. 취업, 창업 훈련만 시키면

다 되는가. 취업률만 높인다고 되는 게 아니다. 물론 취업이 시급한 과제이긴 하지만, 우리 학생들이 앞으로 어떤 가치관을 가지고 우리 사회를 변화시키며, 개인과 국가가 지구촌에서 어떻게 존경받는 존재가 될 것인가에 대한 사회적 논의가 먼저 이루어져야 하지 않을까.

무엇보다도 제4차 산업혁명의 큰 문제는, 기계가 침범할 수 없을 것이라고 여겼던 인간만의 성역이 하나둘씩 무너지기 시작했다는 점이다. 인공지능이나 사물 인터넷이 인간에게 적응할 시간을 주지 않고 지나치게 빨리 진화하는 점은 심히 우려스럽다고 하지 않을 수 없다. 유발 하라리는 『사피엔스』(2015)에서, 2100년이면 지금과 같은 인류는 사라질 것이라고 한다. 알파고가 그 신호탄이라는 것이다. 또한 그는 2050년이면 70억 명이 '밥만 축내는 존재'로 전락할 가능성이 높아지고, 사회에서 무용지물로 전락한 인간들은 약점을 보완하기 위해 기계와의 결합을 선택할 것으로 예상하고 있다.

이런 상황에서 100세, 120세까지 살아가야 할 다음 세대들은 어떻게 이 난관을 극복해 나갈 것인가? 우리 교육에서는 제4차 산업혁명 시대에 적합한 인재를 어떻게 육성해 나갈 수 있을까. 대학 현장에서 하고 있는 대부분의 강의는 일방적으로 받아 적는 식의 수업으로 진행되고 있다. 이런 교수법으로는 창의성과 협동심이 길러지기 힘들다. 이 같은 방식은 전문지식 습득이 중요했던 산업화 시대에나 적합했다. 제4차 산업혁명 시대에서는 '문제해결식 교육'(스스로 과제를 설정하고 이를 독자적으로 수행하는 교육)이 주목받고 있다. 무엇보다도 이 교육이 성공적으로 이루어지기 위해서는 교수·동료들과 소통하는 프로젝트 기반 형 학습 활동이 우선 자리 잡아야 한다. '문제해결식 교육'이야말로 제4차 산업혁명에서 요구되는 학생들의 창의성과 협동심을 키울 수 있다.

1980년대에 일본 츠크바대학(전신 동경교육대학)에서 유학할 당시, 우리 학교의 교육 목표는 '문제해결 형 인재 육성'이었다. 무려 35년 전의 일이다. 시대를 앞서가는 교육 때문이었는지는 모르지만, 츠크바대학은 노벨 과학상 수상자가 3명이나 나온 국립대학이다. 요즈음 우리나라에서 문제해결 형 교육이란 말을 자주 들으면서 그때의 문구가 떠올라, 우리의 교육이 너무 뒤처져 있지 않은지 안타까웠다. 왜 우리는 일본을 따라만 가는지, 앞설 수 없는지 의문이 든다.

일본에는 우리나라 교육부와 같은 문부성이 있다. 일본이 문부성의 명칭을 문부과학성으로 바꾸니, 얼마 되지 않아 우리나라도 교육부를 교육과학부로 바꾸는 아이러니한 상황을 보았다. 가깝고도 먼 나라지만, 멀고도 가까운 나라라는 생각이 드는 것은 나만의 생각일까?

대학 사회는 정부지원 사업이나 연구 업적도 중요하지만, 독창적이고 전문적인 인재를 육성하는 창의적인 교육과 철학에도 더욱 관심을 기울여야 한다. 이제는 교육에도 차별화된 '전문성'이 중요하다. 그리고 학생들의 다양한 개인별 특성들을 존중하며 그 강점을 키워 줘야 한다. 또한 현 세대의 학생들을 이해하고, 그들과 원활히 소통할 수 있는 방안을 강구해야 한다.

최근 미국의 화학교사인 존 버그만과 애론 샘즈가 제창한 '거꾸로 가는 교실(플립러닝, flipped learning)'이 세계적으로 교육계의 관심을 끌고 있다. '거꾸로 가는 교실'에서는 수업 전에 학생들이 학습 내용을 예습하고, 수업에서는 과제 수행, 토론, 문제풀이 등 과정 중심의 학습에 능동적으로 참여한다. 학생들은 주도적인 참여와 팀 활동으로 내면적 동기유발과 협동정신을 발휘하게 되며, 학습 과정에서 경험하는 실패를 통해 스스로 느끼고 성장하게 된다.

교육부는 학생 스스로 과학을 배우고 탐구하게 하는 정책을 담은 '과학교육 종합계획'을 발표했다. 이 계획에서는 2018년도부터 '거꾸로 가는 교실'을 일선 학교의 과학 과목에 본격적으로 적용할 예정이라고 한다. 현재의 교실 수업에서는 효율성에 초점을 맞추고 있으나, 앞으로는 수업을 학생 주도형, 창의적 체험이 가능한 방식으로 바꾸어야 한다. 학생들에게는 단순히 지식만 전달하는 것이 아니라, 학생들 스스로 사고하고 자발적으로 참여하여 체험할 수 있는 학습을 하게 해야 한다. 이런 과학 교육과 창의적 인재 육성을 위한 중장기 교육적 틀이 마련되었다는 점은 매우 긍정적으로 평가할 수 있다.

또한 교육 현장에서는 '거꾸로 가는 교실' 외에도 '문제기반 학습(PBL: Problem project Based Learning)', '학습관리 시스템(LMS: Learning Management System)' 등 새롭고 다양한 교수법의 시도들도 늘어나고 있다. 이런 다양한 교수법을 활성화시켜 창의성을 키우기 위해서는 활발한 토론 문화가 매우 중시되어야 한다. 교수와 학생의 관계도 단순한 지식 전수의 단계를 넘어 동반자의 위치에 서야 한다. 수업을 할 때는 서열이나 위계질서를 따지지 않고 자유롭게 아이디어를 낼 수 있는 분위기를 만들어야 한다.

특히 젊은이들의 자유로운 사고와 다른 의견에 대한 이의 제기를 존중해야 한다. 미국 보이어 위원회의 "젊은 학생들의 새로운 생각과 교수의 연구 연륜이 합쳐져 서로 배우게 하고 자극을 주게 될 때, 우연한 아이디어의 충돌로 새로운 결과가 창출된다"는 권고를 귀 담아 들을 필요가 있다.

지금까지 대학 학과에서는 대부분의 학생들이 전공에 관련된 일을 하거나 연구자가 되는 데 주안점을 두고 커리큘럼을 만들었다. 그러나 급변하는 제4차 산업혁명이 시작된 오늘날 기존 대학의 학과, 전공, 교양 기초교육의 의미와 역할을 다시 한 번 신중하게 재검토해 봐야 하지 않을까?

오늘의 대학들은 많은 어려움에 처해 있다. 하지만 이제는 산적해 있는 기존 문제들과는 별도로 '할 수 있는', 그리고 '해야 하는' 여러 가지 일들을 새롭게 찾아 나서야 한다. 교수들도 이제는 연구실 밖으로 나와 학생들과 공감하면서 함께 넓은 세상을 느끼기도 해야 한다. 그리고 다음 세대들을 위해 그들의 입장에서 열린 마음으로 진지하게 함께 고민해 줘야 한다.

채코의 미디어 철학자인 빌렘 플루세르(1920~1991)는 "우리의 환경은 근래에 이르기까지 사물들로 이뤄져 왔다. 집과 가구, 기계와 운송수단, 옷가지와 세탁물, 책과 그림, 통조림 깡통과 담배들로 채워졌다. 그런데 사정은 달라졌다. 현재 기형적인 물건들이 도처에서 우리 주변으로 밀려들고 있다. 그것들은 일상의 사물들을 밀어낸다. 우리는 이런 기형적인 물건들을 '정보'라고 부른다"라고 했다. 이제 그의 예견은 구체적인 현실로 다가왔다.

이제 정보라는 가상 공간은 실제를 위협하고, 때론 실제보다 더 구체적인 현실로 다가오고 있다. 우리는 현재 본격적으로 실제 공간과 정보로 구성된 인공지능적 공간인 두 종류의 공간에서 살고 있다. 역사 유적지나 박물관엔 VR(Virtual Reality, 가상현실) 기기가 비치되어 있고, 시중에서도 시판되고 있다. 때로는 스마트폰을 이용해서 '증강현실(Augmented Reality, AR : 실세계에 3차원 가상물체를 겹쳐 보여주는 기술)'을 경험하기도 한다. 실제와 가상이 뒤섞인 상태이기 때문에, 어디까지가 현상이고 어디서부터가 가상인지, 그 경계조차 모호해지고 있다.

인공지능의 지식·지적 능력은 인간의 지능을 뛰어넘을 것으로 예측된다. 결국 인간이 컴퓨터, 기계와 공존할 수밖에 없는 시대이기 때문에, 기계와 차별화할 수 있는 것은 인간다움을 간직하고 표현이 가능한 '마음'뿐이다. 그렇기 때문에 앞으로는 단순 지식보다 감수성과 사색 능력, 감성과 논리의 융합 능력, 인성과 인품, 열정과 배려의 마음 등을 소중히 간직해야 한다. 창의성, 가치, 디자인 사고(design thinking)도 바로 이런 마음에서 만들어지기 때문이다.

우리는 알파고가 던지는 본질적이고 엄중한 메시지를 제대로 받아들여야 한다. 또한 급변하는 이 시대에 던져진 과제에 대해서도 깊이 숙고해 봐야 할 것이다. 지금까지 우리는 '미래'를 단계적으로 받아들이면서 잘 적응할 수 있는 자연스러운 일이라고 생각했다. 그러나 닥쳐올 앞으로의 미래는 상상을 초월한 엄청난 변화를 가져올 수 있다는 점에서 절박한 위기의식을 가져야 한다. 또한 이에 대비할 수 있는 참신한 교육의 틀과 방식을 혁신적으로 만들어 내야 한다.

사람들이 혁신하지 못하는 것은 마음속의 '두려움' 때문이라고 한다. 그래서 우선 그 두려움을 극복하는 것이 혁신의 첫걸음이라고 할 수 있다. 기존의 난제들을 넘어 새로운 좌표와 방향, 그리고 공감을 형성하기 위한 대학 구성원 간의 뜨겁고 열띤 토론의 장을 열어야 할 때다.

## 대학 평가보다 학생에게 매달려야

교수는 연구를 통해 새로운 결과를 얻는 것도 큰 기쁨이지만, 한 학생이 변화하는 모습을 지켜보는 것도 큰 보람이 된다. 학생들의 존재가치를 전제로 하지 않은 단순한 진리탐구와 사명감 없는 가르침은 오랜 교직 생활에 몸담고 있는 사람으로서 큰 의미를 부여하기 힘들다. 교육자들은 사회가 혼탁할수록 기본과 원칙을 더 중요하게 생각해야 하며, 그럴수록 올바른 교육의 중요성에 대해 이야기해야 한다. 그렇기 때문에 내가 가르치는 학생들이 그 교육의 중심에 서 있고, 그래서 그들의 미래를 함께 진지하게 고민하는 것은 지극히 당연한 일 아닐까.

때로는 학생들의 철없는 행동에 실망하기도 하고, 생각이 짧은 그들의 경솔한 발언에 상처를 입고 속이 상한 적도 많았다. 그래서 학생들과 거리를 두어서 불통·먹통을 자초하기도 했다. 하지만 되돌아보니, 이런 나의 포용심 없음이 부끄러웠다. 그들의 미숙함도 너그러이 이해하지 못하고, 그들의 아픔도 충분히 헤아리지 못했다는 마음에 자책감까지 들었다.

우리는 미국 노스캐롤라이나 주의 엘론(Elon)대학을 주목할 필요가 있다. 이 대학은 1960년대까지만 해도 4~5천 명의 작은 규모로, 그다지 주목받지 못하는 3류 학교에 불과했다. 그렇지만 지금은 이 대학이 미국 최고 사립대학 중의 하나로 평가받고 있고,

미국 전역에서 수많은 우수한 학생들이 지원해 온다고 한다. 이 캠퍼스는 마치 컨트리클럽을 연상시키는 아름답고 깨끗한 모습으로 경탄을 자아낸다고 한다.

엘론대학은 교육·시설·행정 등 모든 영역에 걸쳐서 뛰어나다는 것들은 무엇이든지 다 배워와서 실현했다. 이 대학 캠퍼스 안에는 쓰레기, 낙서, 낙엽, 페인트 벗겨진 곳 하나 찾아볼 수 없었다. 시설 등을 보수해야 할 필요가 있을 때면 지체 없이 일을 처리하기 때문이다. 학생을 위해서라면 어떤 것이라도 신속하고 철저하게 대처하여 제대로 된 학교 환경을 만들었다.

재정적인 문제에서는 낮은 등록금을 유지해서, 학생들이 큰 부담을 갖지 않고 지원할 수 있도록 했다. 그러면서도 재정을 보충할 수 있는 다양한 방법을 찾아 나섰다. 졸업생이나 이사진 중에도 큰 재력가는 없었다. 하지만 연간 학교 예산을 세울 때는 교수, 교직원이 함께 참여해 토론하며 투명하게 최적의 운영 방식을 만들었다. 학교 운영을 객관적이고 합리적으로 한다는 사실이 알려지면서, 학부모를 비롯한 많은 외부 기부자들이 늘어나기 시작했다. 그 결과 엘론대학은 재정적으로 큰 어려움 없이 안정적으로 학교 운영이 가능하게 되었다.

엘론대학 학생들은 높은 수업의 질을 최고의 장점으로 평가한다. 재학생의 95%가 학교에 전폭적인 지지를 보내고 있는데, 자신들이 무척 특별한 곳에서 생활하고, 행동하고, 공부하고 있다고 느끼기 때문이라고 한다. 중소지역 도시에 위치해 학생 채우기에 급급했던 소규모 대학이 정부의 특별한 지원 없이 어떻게 이처럼 비약적인 성장을 할 수 있었을까? 그 이유로는 첫째, 교수진과 행정 직원들 사이에 각별할 정도로 따뜻하고 친밀한 유대관계가 형성되었다는 점, 둘째, 이들이 학생 개개인에 대한 관심뿐만 아니라 그들의 성장 과정에도 진심으로 관심을 가졌다는 점이다.

학생들의 이야기다. "정말 대단해요. 교수님들이나 높은 분들이 무슨 중요한 일만 있다 하면 우리한테 먼저 상의하니까요.", "우리도 모든 위원회에 참여할 수 있어요.", "수업시간에 교수님들은 우리 나름대로의 생각과 이야기를 해보라고 유도하시죠.", "이 학교가 어찌나 학생 위주로 돌아가는지, 말로 표현할 수 없을 정도예요.", "솔직히 저보다는 제 코치님이 더 저와 제 미래를 걱정해주는 것 같아요."(《교수신문》 2015 민경찬, '대학평가보다 학생에 매달려야' 중에서 발췌)

우리 대학들도 위에서 언급한 엘론대학의 사례를 통해 앞으로 다가올 대학 사회의 위기를 극복하는 지혜를 배울 수 있다면 좋겠다. 그동안 대학들이 평가지표에 초점을 두고 변화해 왔다면, 이제는 학생들의 바람직한 성장에 초점을 두고 양보다는 질적인 변화를 모색해야 할 것이다. 이런 방향은 현재 한계에 부딪힌 지표 중심의 대학 평가를 극복하는 하나의 방안이 될 수 있을 것이다.

## 우리 교육은 경쟁이 전부인가?

"경쟁은 아무도 승자로 만들어 주지 않는다. 잠시 승리자처럼 보이지만, 시간이 지나면 모두 패자가 된다. 우리는 모두 패자가 돼버렸다"라는 이야기가 있듯이, 경쟁은 우리 사회의 성장 패러다임의 발목을 잡는 결정적인 저해 요인 중 하나라고 생각한다.

우리 사회에 과열된 경쟁으로 인해 나타난 폐해는 어떤 것들인가. 어릴 때부터 경험하는 치열한 경쟁은 자라나는 아이들의 인성을 모조리 거칠게 바꿔 버렸다. 학교 공부에서의 지나친 경쟁은 사회생활에서 여러 가지 변이된 모습으로 나타난다. 직장 승진·스포츠 등에서 업적 부풀리기, 좋은 자동차·고급 아파트·명품 등에서 소비 부추기기, 마침내는 여론까지 경쟁적으로 조작하고 살다 보니, 이런 사회에서 살아가는 보통사람들의 삶은 처절하게 망가져 버렸다.

과거의 한국 사회는 그래도 경쟁보다 협력을 더 중시하는 분위기였다. 협력과 신뢰가 좀 더 나은 사회를 만들고, 조금은 더 안전한 삶을 보장할 수 있을 것이다. 그러나 협력보다는 치열한 경쟁을 벌이고 있는 오늘날의 사회적 분위기는 결과적으로 서로를 포용하지 못하는 불신 사회를 초래했다. 사회의 주도권을 가진 기득권자들이 경쟁을 도발하고, 본인들에게 유리한 시스템을 만들어 자신의 이익을 위한 경쟁을 지속적으로 부추기다 보니 일반 사람들은 불안감을 느낄 수밖에 없었다. '갑'은 빼앗기지 않으려고 자신에게 유리한 논리로 합리화시키면서, 상대방을 늘 사악한 경쟁자로 규정하고 악랄하게 지배하려 든다. '을'은 경쟁적 억압에서 희망의 탈출구를 찾다 보니 또 다른 곤경에 처해져, 결국에는 자신의 삶을 옭아매어 어두운 삶에 묶여 버린다. 공정한 게임은 우리 사회 어디에도 없게 됐다.

우리 사회는 위에서는 순방을 떠나는 대통령부터 아래로는 구준생(9급 공무원 준비생)에 이르기까지, 모두 패자가 되어 억울한 마음을 삭이지 못하고, 울화병 등의 여러 가지 병적인 상태로 나타나곤 한다. 우리 사회는 네가 져야 내가 이긴다는 식의 등수 매기기를 좋아하는 성향이 있다. 따라서 이런 면이 사람들의 승부 의식을 자극해 결국 치열한 경쟁을 부추기고 만다. 너무 이른 시기부터 서로를 경쟁자로 인식하니 상대에 대한 이해 능력을 키울 시간이 없다. 이런 풍토에서는 인간의 올바른 정신이 길러질 수 없다.

지나친 경쟁과 압박은 결코 성숙하고 올바른 사회를 만들 수 없다. 협력, 공정, 신뢰가 있는 사회야말로 더 나은 삶을 영위할 수 있게 한다. 따라서 선생님·상사·부모는 학생·부하·자녀들에게 지나친 경쟁을 부추기지 말고, 확고한 교육철학을 가지고 꾸준히 실천해야 한다. 그러면 우리의 미래 세상은 좀 더 밝고 희망적이 될 것이다.

# 김영란법이
# 불편하다?

교직에 30여 년 몸담고 있으면서 해마다 돌아오는 스승의 날이 불편했던 것도 사실이다. 스승의 노래를 듣는 것도 쑥스러웠고, 꽃다발을 받을 때는 우리 학생들을 별로 보살펴 주지도 못했는데 받기만 하는 것은 아닌지 하는 마음에 항상 미안한 마음이 들었다. 올해는 김영란법의 시행으로 조금이나마 덜 미안한 마음으로 스승의 날을 보낼 수 있어서 마음의 위로가 되기도 했다.

지금은 어떨지 모르지만, 스승은 '마음의 어버이'였던 시절이 분명 있었다. 물론 지금도 묵묵히 시대의 모범이 되는 스승, 마음의 어버이처럼 뭇 제자들의 가슴과 눈망울을 적시는 스승이 곳곳에 많이 계시리라 믿는다. 그러나 오늘날의 현실에서는 스승을 바라보는 그릇된 사회적 시선과 흔들리는 교육적 가치관이 근본부터 어긋나고 있다.

왜 그럴까? 《스승의 은혜》라는 노래에 그 답이 있다. 스승은 '참되거라, 바르거라' 하고 제자를 키우는 일종의 인성 교육을 해야 한다. 본래 스승의 자리는 참과 바름을 가르치는 일에 정진해야 하는데, 지금의 교육은 눈에 보이는 유익을 위한 '쓸모'를 가르치고 있다. 당장의 유익을 만들어 내지 못하는 지적인 영역은 '가르침'에서 배제되기 시작했다. 인내하면서 그 쓴 소리를 경청할 여유마저 사라지고, 기술의 닦달이 넘쳐나기 시작했다.

프라임·코어 사업으로 대학은 본격적인 학문 구조조정에 들어갔다. 대학이나 학문에 '구조조정'이란 말을 쓴다는 것도 어울리지 않지만, 안타깝게도 지금은 그런 말조차 둔감해져 버렸다. 이런 분위기 속에서 찾아온 '스승의 날'은 과연 무슨 의미가 있을까? 누군가는 이런 스승의 날을 가리켜 '병 주고 약 준다'는 말을 하기도 한다.

2016년 9월 28일부터 '부정청탁 및 금품 수수의 금지에 관한 법률', 이른바 '김영란법'이 시행에 들어갔다. 따라서 대학 사회에서는 이 법을 어떻게 정착시켜 나갈 것인가 하는 무거운 과제를 안고 있다. 사실 그동안 학생 교육에만 전념해 온 교수들에게는 이 법이 끼칠 영향이 거의 없다. 부정과 비리와는 관계없이 살아온 대부분의 교수들에게는 남의 이야기로 치부해 버릴 수도 있는 사안이기 때문이다.

그러나 정작 한국 대학 사회를 자세히 들여다 보면, 김영란법을 남의 이야기로 치부해도 좋을 만큼 모두가 부정과 비리로부터 자유로울 수 있는지 자문해 보지 않을 수 없다. 왜냐하면 지금 한국 사회의 모든 영역이 부정과 부패로 중병을 앓고 있기 때문이다. 대학도 구성원들의 부정과 부패로 인해 사회로부터 지탄의 대상이 된 적이 한두 번이 아니다. 그렇기 때문에 한국 대학 사회도 김영란법으로 새롭게 고쳐 나가야 할 것들이 많다.

그런데 현실은 어떠한가? 많은 부정부패 관련 뉴스 가운데 대학교수 채용에 관련된 비리 뉴스는 그리 흔치 않다. 공정하게 이뤄지거나, 아니면 은밀하게 이뤄지기 때문일까? 교수들이 인사권을 많이 뺏어 왔기 때문일까? 아니면 사후 감사의 뜻으로 전하는 사례금을 우리나라 관례쯤으로 여겨서 거론 자체가 안 되는 것인가?

아직도 대가를 받고 자격 미달 지원생을 뽑아 주거나 점수를 조작해서 순위를 바꿔 합격시키는 등의 편법들이 여전히 대학 입학과 관련해서 일어나고 있다. 우리나라 미풍양속은 아직도 스승의 호주머니를 열게 하지 않는다. 졸업 논문을 앞둔 대학원생들이 논문 심사에 참여하는 심사위원들에게 호텔 식사를 제공하고 선물을 줘야 하는 것이 '관례'라고 한다. 내가 일본에서 유학할 때 석·박사 논문을 쓸 때나 쓴 후, 교수님들이 학생(유학생)에게 식사나 차를 사주신 적은 있지만, 우리가 대접한다는 것은 상상도 할 수 없었다. 한국 사회에서 당연시되고 있는 악습을 주위에서 접하면서, 일본 사회와 너무 비교되는 지금 우리의 현실에 마냥 답답하고 착잡하다.

지금까지 대학교수들에게서 문제가 됐던 사안들은 주로 연구비 횡령과 부정 사용이었다. 이런 비리가 늘 교육부의 주요 감사 대상이 되었고, 적발된 교수들은 항상 있었다. 하지만 솜방망이 처벌로 마무리되는 잘못된 관행들로 인해 대학 사회의 비리를 온존케 했다. 이런 비리가 끊임없이 계속되고 있기 때문에, 이번에 시행된 김영란법이 대학 사회의 비리를 근절시키는 데 경종을 울리는 큰 역할을 할 것이다.

이 법이 시행되면 현실적으로 대학교수들이 그동안 사회봉사라는 명목으로 받았던 자문료나 강의료가 제한받을 수밖에 없다. 특히 강의료에 대해서는 이 법의 제10조에서 다음과 같이 명시하고 있다. "공직자는 자신의 직무와 관련되거나 그 지위·직책 등에서 유래되는 사실상의 영향력을 통해 요청받은 교육·홍보·토론회·세미나·공청회 또는 그 밖의 회의 등에서 한 강의·강연·기고 등의 대가로서 대통령령으로 정하는 금액을 초과하는 사례금을 받아서는 아니 된다."

'김영란법'이라는 너무나도 당연한 것을 법으로 만들었다고 생각하니, 부정부패가 만연한 우리 사회의 민낯이 부끄럽기까지 하다. 이 법은 원래 우리 사회의 기본을 바로잡기 위해 만들어진 것이다. 그런데 이 법의 본래 취지와는 달리 일명 '3·5·10'(식사 3만 원,

선물 5만 원, 경조사비 10만 원)이라는 금액을 두고 분분한 여론이 나오고 있다. 그것은 이 법의 본질을 흐리는, 논의할 가치조차 없는 사안이다. 그러니 우선 몇 년 시행해 보고 난 후에 문제점을 보완해도 늦지 않을 거라고 생각한다.

'김영란법' 시행 첫 날에는 학생이 교수에게 준 캔 커피 하나가 온 나라의 화젯거리가 됐다. 이 화제에 대해 일부 사람들은 사제지간에 캔 커피 하나도 건넬 수 없게 되는 사회의 각박함과 냉정함을 지적했다. 그런데 이 문제는 좀 다른 시각으로 볼 필요가 있다. 우리 사회에 '부정청탁'과 '금품 등 수수'에 관련된 범죄가 얼마나 많았으면 캔 커피 하나에도 청탁을 의심하게 되었는가를 우리 모두는 곰곰이 생각해 봐야 한다. '김영란법'은 이제 막 첫 걸음을 뗀 법이기 때문에 여러 가지 면에서 수정, 보완되어야 할 점이 많을 것이다. 또한 이 법의 시행으로 다양한 분야에서 지속적으로 문제를 제기할 것이고, 우리 사회가 조금은 더 각박해질지도 모른다. 그러나 우리 사회의 깊이 뿌리 박힌 부정부패의 온상들을 뽑아내기 위해서는 힘들어도 우리 모두가 비장한 각오로 이 법을 존중하고 지켜 내야 한다.

벌써부터 '김영란법'의 여파로 교수들의 사회봉사 프로그램 일정이 취소되고 있다는 소식도 들려온다. 외부 강의료의 제한이나 절차의 복잡함 때문에 교수들의 사회활동이 위축돼서는 안 된다고 생각한다. 다만 자본의 논리에 휘둘리는 현실적인 문제에 대해 이해되는 측면이 없지 않지만, 다시 한 번 우리 스스로가 깊이 생각해 봐야 할 문제인 것 같다. 이제는 대학이 솔선수범하여 우리 사회의 부정과 부패의 고리를 끊는 역할을 담당해야 한다. 이를 위해서는 교수들이 재능기부를 하는 마음으로 사회봉사를 해야 할 것이다.

지금 우리에게 시급한 것은 정치인이나 기업인 탓만 하고 있을 것이 아니라, 우리 주변에서 일어나고 있는 작은 것부터 고쳐나가는 것이다. '김영란법'이 과도한 제약이라는 비판을 받고는 있지만, 우리 사회에서 일어나고 있는 부정부패의 온상들이 이 법이 없어도 일어나지 않아 '깨끗한 문화'로 정착될 수 있도록 노력할 필요가 있다.

# 교수 임용과
# 흙수저


요즘 한국 사회에 회자되는 말 가운데 '금수저(1950년대 출생자)', '은수저(1960년대 출생자)', '동수저(1970년대 출생자)', '흙수저(1980년대 출생자)', '무수저(1990년대 이후 출생자)'라는 신조어가 있다. 이 말들은 빈부의 격차로 공평하지 않은 우리 사회의 현 주소를 비유적으로 꼬집어서 풍자한 말이다.

미국에 유학한 한국인 엘리트들을 장기 분석한 『지배받는 지배자』(2015)를 출판해 화제가 됐던 김종영 교수는 "이 바닥은 흙수저에게 무차별적인 차별이 가해지는 한국 대학의 예체능 계열이다. 한국 대학의 교수 임용 중 가장 혼탁한 곳이 예체능 계열이고, 중간이 인문사회 계열, 상대적으로 가장 깨끗한 곳은 이공 계열이라고 알려져 있다. 이공 계열은 대부분 업적(능력) 평가가 영어 논문으로 일원화돼 있고, 실력도 저널의 인용지수(impact factor)로 객관화돼 있다"고 했다.

이 책을 보면서 내가 1980년대 중후반 일본에서 유학할 때의 기억이 떠올랐다. 나보다 먼저 귀국한 유학생들로부터 들은 얘기로는, 대학에 교수 지원 서류를 냈더니 일부 대학에서 생각지도 못한 딜(deal, 돈이나 스쿨버스 등)을 받았다면서, 금전적인 능력이 없으면 대학교수 되기도 힘들다며 울분을 토했다. 그 이야기를 들으면서 '나는 일본에서 박사과정을 마치면 한국으로 돌아가야 하나, 아니면 제3국으로 가야 하나' 하는 생각도 했었다. 그때 나에게 하소연했던 친구와 선배는 부조리에 타협하지 않고 꿋꿋하게 버티다가, 몇 년 후 당당하게 대학교수('딜'을 요구하지 않은 대학에)로 임용되었다.

물론 당시 유학생들이 들려준 대학 임용에 대한 이야기의 경우, 모두 눈에 보이고 물증도 있으나, 실질적으로 공론화하기는 매우 어렵다. 왜냐하면 이들은 여전히 사회적 엘리트들이기 때문에 대학의 부조리와 맞서려 하지 않는다. 설사 이들이 현재는 엘리트가 아니더라도 미래에 그럴 가능성이 있기 때문에, 사회적 부조리와 맞서거나 그 사실을 공론화하는 것은 개인적 차원에서 매우 위험한 일이다.

프랑스의 사회학자 부르디외에 의하면, '상징폭력(symbolic violence)'은 학위, 자격증, 증서, 공인된 지위(가령 교수직)와 같은 상징권력이 휘두르는 힘을 말하며, 가해자와 피해자(또는 가해 그룹과 피해 그룹)가 있음을 의미한다. 물리적 폭력과 상징폭력이 다른 점은, 행위자가 이 폭력을 암묵적 동조, 또는 무지 하에 '자연스럽게' 받아들인다는 점이다. 상징폭력은 다시 정당한 상징폭력과 부당한 상징폭력으로 나뉠 수 있는데, 때로는 이 경계가 애매모호하다.

가령 박사학위가 없다면 통상 한국에서 교수직에 지원할 수 없으며, 이는 박사학위 미 소지자에게는 상징폭력이지만, 대체로 사회적으로는 정당하다고 여겨진다. 참고로 미국이나 일본 대학에선 박사과정 수료생(박사학위 논문만 남겨 놓은 상태)들도 교수직에 지원할 수 있다. 따라서 미국이나 일본의 어느 대학이 박사학위가 있는 사람만 교수직에 지원할 수 있게 한다면, 대학원생들은 이를 '부당한' 상징폭력으로 여길 것이다. 일본의 경우도 교수가 된 한참 후에 박사학위를 받은 사람들이 허다했다(요즈음은 서류지원 때 박사학위를 요구하는 대학들이 많이 늘었다고 한다). 따라서 정당하다거나 부당한 상징폭력의 경계는 사회적 구성물이다.

김종영 교수는 "상징폭력을 휘두르는 한국 교수 집단을 감시할 집단이 없다"고 지적했다. "최근 '내부자들', '베테랑', '검사외전' 등의 한국 영화들은 한국 사회의 조폭 문화를 잘 보여줬고, 시민들의 열렬한 호응을 받았다. 언론이든 기업이든, 정치인이든 실제 조폭이든 간에, 이들의 조폭 문화는 설사 성공적일지라도 경찰, 검찰, 언론, 시민단체 등에 의해 끊임없는 감시를 받아 왔다. 하지만 '상징 금수저'들로 이뤄진 한국 교수 집단의 상징폭력 행위를 감시할 집단은 없다. 진보적 학자들조차 대부분 이 부당한 상징폭력을 휘두르는 일원인데, 누가 어떻게 이들을 감시한단 말인가"라고 말했다.

이렇듯 금수저가 아닌 사람들은 아무리 뛰어난 자질과 자격을 갖추고 있어도 부당한 상징폭력에 의해 꿈이 좌절 될 수밖에 없는 뼈아픈 현실이 안타깝다. 교수의 한 사람으로서 김 교수의 이런 예리한 지적에 깊은 공감을 느끼며, 미래 세대를 생각하면 심히 우려스럽기까지 하다.

# 대학 교육의
# 품격이란

## 거꾸로 가고 있는 대학

지난 1970년대 일본에서 큰 시행착오를 겪은 바 있는 대학의 팽창주의가 우리나라에서는 1990년대부터 확산되기 시작했다. 갈수록 출산율이 감소됨에 따라 대학 입학정원을 과감히 줄여 나가야 한다고 오래 전부터 예측했음에도 불구하고 대학, 특히 사립대학들은 장삿속에 빠져 정원 늘리기 경쟁을 해왔다. 비싼 등록금을 받아 연구실험 시설보다는 캠퍼스 위용을 자랑하기 위한 건물 신축공사만 줄기차게 해왔다. 그러다 보니 요즘 퇴출 위기를 맞은 대학들이 수십 개에 이르게 된 것 아닌가.

시간강사 처우 문제도 대학이 안고 있는 심각한 문제이다. 2011년 정치권과 정부가 어느 시간강사의 자살을 계기로 강사법을 제정했다. 하지만 최근 세 번째로 시행이 유보되는 것을 보면서, 실로 안타까움과 실망을 느끼지 않을 수 없다.

우리가 잘 알고 있다시피 대다수 시간강사들은 전임교수보다 실력이 앞서는 사람들이 많다. 그럼에도 불구하고 시간강사들은 대학 내에서 전임교수들이 강의 기회를 주어야만 강의를 할 수 있는 파리 목숨처럼 지낸다. 더욱이 아르바이트하는 학생의 수입보다도 적은 강의료를 받는 사람들이 대부분이기 때문에, 이것은 대학의 당면 과제로서 최우선적으로 해결해야 할 문제이다. 정부와 대학이 시간강사 문제에 대한 심각성을 인식하고 열의를 가지고 머리를 맞대면 왜 최선의 해결책을 찾지 못하겠는가. 노교수 입장에서 부디 우리 대학 사회가 정부의 권력이나 정치권의 무능 때문에 수모를 당한다거나 대학 스스로 무기력해지지 말길 간절히 바랄 뿐이다. 대학이 제대로 가야 나라가 살기 때문이다.

『조선왕조실록』 1430년 10월의 기사이다.

"예전에 관가의 노비가 아이를 출산하면 반드시 7일 후에 일하게 한 것은 아이를 버려두고 일에 나가 어린아이를 상하게 할 것을 긍휼히 여겨서였다. 내가 일찍이 100일을 더 주도록 명했으나, 산기에 임해 일을 해서 몸이 지치면 자기 집에 이르지 못하고 아이를 출산하는 일이 혹 있을 수 있겠다. 그러니 산월이 되면 한 달간 노역을 면제함이 어떠하겠는가. 마땅히 상정소로 하여금 이

법을 아울러 세우게 하라."

이 말은 600여 년 전 절세의 성군 세종대왕께서 승지들에게 명한 말씀이다. 시대를 앞선, 진정으로 사람을 보고 사람을 위한 정치를 한 현군이다.

"교수님, 대학에 출산휴가가 어디 있습니까. 방학 때 낳도록 조절 좀 잘하시지…."

어느 대학 교무 담당자가 출산휴가 신청에 대해 상의를 청해 온 교수에게 한 말이다. 어느 쪽이 더 모성보호적인가? 대학의 제도와 환경을 알고 있다면, 출산을 앞두거나 취학 전 자녀를 둔 대학의 여성 구성원이 겪게 될 어려움을 금방 떠올릴 수 있을 것이다. 대학 안에서 여성 구성원들에게 공통적인 근무·학업·연구 중의 보육·가사 문제 등이 쉽게 짐작되는 난제들이다. "마땅한 곳이 없어서 화장실에서 아이에게 젖을 물렸다"는 어느 대학원생의 호소는 듣는 이로 하여금 안타까움을 느끼게 한다. 하지만 정작 문제는 그런 제도적·물질적인 요소보다, 왜 일·학업·연구와 육아·가사를 병행하려 드느냐고 하는 대학 사회의 개화되지 않은 뒤떨어진 의식이다.

일본에서 30여 년 전에 유학할 때 캐나다 토론토를 방문한 적이 있었다. 그때 어느 대학을 견학했는데, 대학 안에 어린이 놀이터 같은 시설이 있었다. 무슨 시설이냐고 묻자 아이들을 돌봐 주는 보육원 시설이라고 해서 매우 놀란 기억이 난다. 요즈음 소수의 대학이 교직원과 학생들을 위해 설치한 학교 직영 어린이집이나 이공계 몇몇 대학이 단과대학 차원에서 운영하는 보육시설은 그나마 작은 희망을 갖게 하는 선봉적인 자세라고 할 수 있다.

사회와 대학이 여성과 모성을 보호해야 할 이념적 배경은 헌법이 보장하고 있다. 즉, 여성이 누려야 할 인간으로서의 존엄과 가치·평등권·직업선택 자유권·교육 받을 권리·복지권 등은 누구나 존중해야 할 보편적 가치이다. 국익의 차원에서 본다면, 인구문제 해결과 고급인력 확보라는 점이다. 이런 보편가치와 국익의 실현을 위해 국가뿐 아니라 대학도 인식을 바로잡고 제도를 정비해야 한다. 국가는 학업과 연구도 '근로'로 인정해 보육수당 지급과 같은 직장인 모성보호책을 부모학생(유자녀 학생)·임신 중 학생에게도 적용하고, 대학의 모성보호 과정을 감독·지원하는 등, 전반적인 교육 정책의 보완을 도모해야 한다. 대학은 모성보호에 적합한 신분보장 체계화와 학사 운영, 학비 감면 등의 재정지원, 수유실·보육센터·어린이집 설치 등의 양육 지원을 적극적으로 실행해 나가야 한다. 많은 미국 대학들이 가정 친화적 환경 조성을 대학이 추구할 가치로 인식하고, 나아가 모성보호와 구성원 가족의 보호를 대학 본연의 의무로까지 수용하는 것은 우리 대학들이 필히 본받아야 할 자세라고 생각한다.

이런 의식의 깨우침과 제도 개선을 통해 부모학생이 자녀와 함께 한 대학의 공간에 평화로이 머무를 때 비로소 여성의 학문의 자유와 행복 추구권이 실현되는 것이다. 앞으로 교육당국과 관련단체는 대학평가에서 모성보호 제도와 수준을 반드시 주요 평가항목으로 설정할 것을 제안하고 싶다. 아울러 대학은 그것이 대학에 지원하는 학생과 교직원의 입장에서 매우 중요한 결정 요인으로 작용할 수 있음을 간과하지 말아야 한다. 어려운 여건 하에서도 대학의 모성보호 구현을 위해 서울대·서울여대 등에서 전개되고 있는 '부모학생조합' 운동이나 자녀양육 학생에 대한 인식개선 캠페인과 같은 움직임들을 뜨겁게 응원하고 싶다.


## 대학의 현주소

"때는 2045년, 청와대에서 긴급회의가 열렸다. 유엔이 IMF 이후 쭉 자살률 세계 1위를 달리고 있는 한국 정부에 자살에 대한 사회적 책임을 묻고 합당한 조치를 강구하라고 권고했기 때문이다. 대통령은 단군 이래 최고의 수익률을 올리며 출세가도를 달려온 펀드매니저 출신, 당연히 자살의 사회적 책임이 무슨 말인지 모른다. 죽고 싶어 죽는데 그것이 왜 사회적 책임인지 도저히 이해가 안 되자, 결국 교육부 장관을 불러 대학의 사회학과와 연결해 보라고 한다. 하지만 아뿔싸, 전국의 사회학과는 2020년 서울대를 마지막으로 모두 폐지되었다. 그럼 인문학이라도? 하지만 인문학 관련학과는 그보다 먼저 구조조정으로 사라져 버렸다. 이에 경제부총리가 부가설명을 한다. 대학에서 사회과학이나 인문학은 입만 열면 자본주의가 문제라고 떠들어 대서 기업에 해만 끼치고 취업률에도 전혀 도움이 안 되는데, 그런 학문들이 대학에서 사라지는 것은 당연하지 않겠습니까!"

이 우화는 기업 마인드로 돌아선 한국 대학의 자화상을 추적한 오찬호 교수의 『진격의 대학교』(2015) 첫머리에 나온다. 미래의 일처럼 우화는 가정하고 있지만, 실제로 이 책에 실린 사례들은 '대학의 기업화' 현상이 당장의 현실임을 보여준다. 요즈음 대학의 최우선 목표는 취업률이다. 다시 말해 세계 시민과 인성을 갖춘 지식인 양성보다는, 대기업이 선호하는 최적의 인력을 키워 내는 일이 대학의 목표가 됐다.

'인문계 출신의 9할이 논다'는 이른바 '인구론'에 속한 학과들은 전대미문의 개명도 개의치 않았다. 어문학과들은 언어에 상관없이 대부분 글로벌 비즈니스 어학부로 통합되고, 철학과나 심리학과는 심리철학상담학과로 융합됐다. 철학은 대학에서 퇴출 1순위가 된 지 오래고, 인문학적 글쓰기는 자기소개서에서나 그 존재감을 나타낼 뿐이다.

1990년대 후반부터 많은 대학이 구조조정을 통해 인문학 관련학과를 대거 축소시키면서 대학은 인문학 위기를 맞이하게 되었다. 인문학 위기론은 인문학 자체의 위기가 아니라, 취업률이 낮은 인문학 관련학과의 구조조정에서 오는 위기의식일 뿐이라는 평가도 있다. 하지만 자연과학과 대비되는 인문학은 인간의 정신문화 계승과 잉태를 담당하고 있기 때문에, 인문학이 위축된다는 것은 정신문화를 지체시키고 황폐하게 한다는 점에서 우려할 만하다.

지금 대학은 취업만 잘되면 된다는 교육철학을 내걸고 대대적인 구조조정을 벌이고 있다. 대학이 살아남기 위한 출구 전략은 '취업'이다. 교육부의 프라임·코어 사업에서는 정원 조정을 많이 하면 할수록 재정지원 사업 선정 가능성이 높아진다. 따라서 비교적 취업률이 낮은 인문학과가 그 희생물이 되고 있다. 이제는 인문학과의 정원을 하도 줄여서 더는 줄일 인문학과가 남지 않았다며 난감해하는 대학도 나왔다. 다른 대학의 동료 교수는 이를 보고 부러워해야 할지 위로해야 할지 난감했다고 한다. 이것이 대학의 민낯이고 현실이다.

대학은 지금 제대로 된 방향으로 가고 있는 것일까. 취업 중심의 대학 조직 개편과 학과 정원 조정이 당장은 그럴싸해 보여도 절대로 취해선 안 되는 것이었다. 그것을 우리 모두는 알면서도 그렇게 했다. 이제는 되돌릴 수 없는 일이다. 인류의 보편적 윤리와 가치를 고민하는 '싱크탱크'여야 할 대학이 취업에 매몰된 '인력사무소'로 변하고 있으니, 다가올 미래가 어둡고 두렵다. 대학은 지금 본연의 역할인 교육과 연구 중심으로 나아가야 할까, 아니면 취업 중심으로 구조조정 돼야 할까. 세계 각지에서 일어나고 있는 기괴한 폭력 사건들을 지켜보면서, 대학 교육의 변화의 방향을 고민하게 된다. 인류의 보편 윤리와 가치에 대한 성찰이 결여된 현 대학의 취업우선주의의 모습은 과연 언제까지 깃발처럼 나부껴야 할까.

대학은 인간의 행복한 삶을 위한 탁월한 지성을 품은 상아탑으로서, 오늘만이 아니라 미래에도 세상을 이끌어 가야 한다. 대학이 세상의 세속화에 휘둘려 허둥댄다면, 그것은 이미 대학이 아니다. 사회가 취업을 요구한다고 깊은 성찰 없이 취업 중심의 구조조정으로 가는 대학은 또다시 사회의 변화된 요구에 의해 휘청거릴 것이다. 그런 대학은 갑질에 의한 횡포에 희생될 수 있는 여지가 있다.

세상이 아무리 세속화되더라도 대학은 대학다워야 한다. 수요자 중심이니, 기업의 수요에 맞춰야 하느니 하는 것이야말로 대학이 제 자리를 지키지 못하고 경박하게 세속화되고 있다는 것을 증명한다.

대학의 실상은 어떤가? 그동안 교육부는 선택과 집중의 원칙을 내세워 대학 평가를 통해 대학 간의 경쟁을 유도했다. 그 결과 대학은 살아남기 위해서 교육부가 원하는 지표에 맞춰야 했다. 교육부가 교원율을 높이라고 하면 비 정년 교수가 양산되고, 취업률을 높이라고 하면 인문학과들이 축소된다. 또한 등록금을 동결하라면 경비절감을 위해 강의가 대형화되고, 시간강사 처우를 개선하라면 그나마 있던 강의마저 없어진다.

교수들의 모습은 어떤가? 교수들은 연구와 교육에 집중하기보다, 교육부가 제시한 각종 사업에 참여하기 위한 계획서나 보고서 쓰기에 여념이 없다. 학생들은 또 어떤가? 학생들은 전공 공부보다는 취직을 위한 성적 관리, 스펙 쌓기에 혈안이 돼 있다. 대학이 각종 사업을 토대로 사회의 요구에 따라 다양한 변화를 시도했지만 대학 수준이 세계적으로 어느 정도 발돋움했는지는 알 길이 없고, 교수는 본연의 연구자로서의 모습에서 멀어져만 갔다. 대학은 취업 기관처럼 변했다. 하지만 청년 실업률은 점점 높아만 가고 있다.

이렇게 볼 때 한국 대학은 막다른 골목에 도달한 것이 아닐까? 이제는 패러다임을 전환할 시기가 온 것 같다. 미국, 일본, 유럽 등 신자유주의 주도국들은 최저임금 인상, 비정규직 철폐와 임금격차 해소, 그리고 기본 소득제 도입 등 신자유주의를 넘어선 새로운 경제 패러다임을 모색하고 있다.

대학 간 경쟁을 유도하는 선택과 집중 원칙이 한국 대학의 파행적 운영만을 양산해 냈다면, 정부는 이제 대학들에 대한 공평한 지원을 통해 균등한 성장을 유도해야 한다. 또한 교수들이 국책 사업에 매달리지 않고 본연의 임무인 연구와 교육에 집중하기 위해서라도, 사업 중심의 선별적 지원이 아니라, 모든 대학에 연구

비용을 공평하게 지원할 필요가 있다. 그리고 청년 실업률이 높은 것은 일자리가 없어서이지, 대학 교육에 문제가 있기 때문이 아니다. 그럼에도 취업을 지상과제로 삼는다면 인문학과 응용학문 간의 유기적인 균형이 무너지고, 사회 재생산에 필요한 다양한 인재 육성이 어렵게 된다.

그렇다면 대학은 앞으로 어디로 가야 할 것인가. 적어도 피렌체의 메디치 가문(15~16세기 학문과 예술을 후원하여 르네상스 시대가 피렌체에서 열리는 데 결정적인 역할을 한 가문. 미켈란젤로, 레오나르도다빈치, 단테 등의 탄생에 결정적인 역할을 했다)이 지향했던 바와 같이, 기본이 바로 선 교육을 통해 세상을 행복하게 이끌 수 있는 창의적이고 탁월한 인재를 양성하는 교육기관으로 다시 태어나야 한다. 그러기 위해서는 모든 학문의 기본이 되는 인문학을 바탕으로 하여 대학 교육이 이뤄져야 한다. 그렇게 하면 세속화된 유행에 대학 교육이 민감하게 흔들리지 않을 것이다.

대학은 건강한 세계시민을 길러내는 곳이다. 대학은 소수의 영화를 위한 기관이 아니라, 사회 전체를 위한, 인류를 위한 희망의 원천으로 존재해야 한다. 그것이 선진적 교육의 바람직한 모습일 것이다. 인류 전체의 공헌을 지향하는 자존감 있는 대학 교육의 지향, 이것이 대학이 추구해야 할 모습 아닐까?

## 대학 교육이 바로 서야
## 나라가 바로 선다

새 정부가 탄생했다. 촛불혁명으로 시작된 국민주권 시대를 이제 모든 분야에서 실행해 나가야 한다는 점에서 그 역할과 책임은 막중하다. 다원화되고 전문화돼 가고 있는 국가의 모든 영역에서 새로운 한국을 세워 나가는 구체적인 작업을 시작해야 한다. 이런 일들은 너무나 힘들고 고단한 일이다. 결코 쉽지 않을 것이다.

그러나 한국 사회의 질적 성장을 위해서는 뒤로 미룰 수 없다. 망가져 있는 모든 것을 제대로 세우는 일이 시급하다. 현실을 인식하지 못하고 시대에 가장 뒤떨어져 있는 정치, 이런 정치권력과 결탁한 재벌 중심의 경제체제, 국정농단의 실마리로 제공된 부정입학과 부실한 학사관리 등으로 문제의 중심이 된 대학도 예외는 아니다. 부정입학과 엉터리 학점 처리로 총장과 교수가 구속되는 상황에서 무엇을 더 변명할 수 있을 것인가. 대학은 이런 한국 사회의 총체적인 문제를 심각하게 인식하고 엄중하게 받아들여야 한다.

따라서 한국 사회의 질적 전환과 변화를 위해서는 대학이 개혁의 선두 주자가 되어야 한다. 다만 대학의 교육개혁 방향성에 따라 현재의 초·중·고 교육제도는 변할 수밖에 없다. 또한 대학 교육의 질과 내용, 방향성은 그 나라의 미래 발전과 직결돼 있기 때문에 신중하게 접근하지 않으면 안 된다. 뿐만 아니라 대학의 존재이유가 사회와 국가가 올바른 방향으로 갈 수 있도록 기여할 수 있는 인재를 양산하는 데 있기 때문에 대학이 앞장서서 사회 변화의 기폭제 역할을 해야 한다.

현재 세계 각국의 대학들은 변화하는 시대에 걸맞은 교육 이념들을 내세우며 시대를 이끌어 갈 인재들을 양성하고 있다. 그러나 빌 레딩스(Bill Readings)는 『폐허의 대학(The University in Ruins)』 (2015)에서 "이제 대학은 더 이상 진리의 탐구와 전수, 또는 교양의 함양이 이뤄지는 곳이 아니라, 현금 관계에 근거한 행정적 책무성과 기능적 수월성만을 추구하는 기관으로 변모했다"라고 대학의 변화를 비판했다. 각국의 대학이 처해 있는 역사적 상황이나 현실적 조건은 다르지만, 모든 대학들은 실용성이라는 목표를 가지고 변화해 왔다는 공통적 특징을 가지고 있다. 이런 변화의 결과로 대학은 더 이상 상아탑이나 학문의 전당이라는 본래의 모습을 유지할 수 없는 상황이 되었다.

오늘날 한국의 대학들은 심각한 위기 상황에 직면해 있다. 대학의 시장화가 급속히 진행됨으로써 대학은 국가의 권력과 기업의 자본 논리에 휩쓸려 버렸고, 현실적으로는 대학 진학 학생 수의 급감으로 인해 특히 사립대학의 경우 존폐 위기로까지 위협 받고 있다. 대학이 대학 밖의 외부의 힘에 의해 무력화되어 끌려가는 상황은 대학 본연의 모습이 지녀야 할 자유와 비판적 지성을 와해시키고 있다.

교육부가 그간 추진해 온 대학개혁 프로그램을 충실히 따르면 개혁은 어느 정도 가능할지 모른다. 하지만 온전한 개혁을 실현할 수는 없을 것이다. 왜냐하면 온전한 개혁은 그 집단 구성원 스스로가 깊이 고민하고 시작하는 '자율적인 개혁'이어야만 하기 때문이다. 교육부가 주도하는 타율적 개혁 방식으로는 온전한 개혁될 수 없고, 또한 대학도 바로 세울 수 없다.

교육부의 주도로 진행되고 있는 일련의 대학구조 개혁 평가라는 과정을 보며 안타까운 것은, 언제까지 대학들이 교육부의 평가 대상이 될 것인가 하는 것이다. 학사 관리, 교육 여건, 교육 수요자 만족도라는 기본적인 요건들조차 교육부의 평가를 받아야만 하는가. 대학들은 자율을 요구하면서도 왜 정부 부처에 대해 그렇게 수동적으로 끌려 다닐 수밖에 없는 것일까. 정부의 행·재정 지원이 대학의 운영에 절대적이기 때문일까?

대학이 이런 문제와 한계를 가지고 있지만, 우선 새 정부의 교육정책 방향은 대학이 대학다운 모습으로 거듭날 수 있도록 독립성과 자율권을 확보해 주는 쪽으로 가야 한다. 이는 바로 지금까지 대학을 종속화시킨 외부적 요인들을 걷어내는 일이다. 우선 일차적으로는 대학 교육정책을 주도하고 있는 교육부의 관행을 근본적으로 바꾸고, 교육부의 역할과 기능을 새롭게 조정해야 한다.

교육부의 역할이 이제는 대학의 발전을 극대화하기 위해 무엇을 도와줄 수 있는지를 고민하는 기관으로 자리매김돼야 한다는 뜻이다.

그러면 대학의 자율성 문제를 누가, 어떻게 풀어 가야 하는가. 사회적 합의를 이루어 내기 위해서는 이 과제를 풀고자 하는 주체가 국민들로부터 절대적 신뢰를 받고 있어야 하고, 또한 충분한 시간을 갖고 기탄없는 토론 과정을 거쳐야 한다. 그런데 정부가 이를 풀어 가려면 5년 단위의 정부, 4년 단위의 국회를 비롯해 임기가 짧은 관련 부처 및 기관 책임자들의 제한된 임기 안에 어려운 난제들을 풀어 나가는 데는 한계가 있다. 또한 관련 기관 및 사회의 여러 이해 당사자들과의 협력이 원활해야 하는데, 이는 제도와 문화의 문제로 시간을 요하는 문제들이다. 결국 장기간 '안정적'으로 존재하는 대학이 먼저 나서야 한다. 대학 스스로 현재 대학에서 무엇이 문제인지, 어떻게 해결해 나가야 할지를 고민해야 한다. 그래야 고난의 역경에도 꿋꿋하게 헤쳐 나갈 수 있는 있는 자생력이 생겨 문제를 근본적으로 해결할 수 있을 것이다.

또한 대학의 독립성과 자율권을 대학 중심으로만 보면 안 된다. 공공성과 조화를 이뤄야 설득력이 생길 것이다. 따라서 대학은 왜 자율권이 필요한지, 어떠한 자율권인지를 설명해야 한다. 예를 들면 학교의 재정을 투명하게 집행하고 입시 정상화에 기여하면서, 대학의 자율권이 교육과 연구의 질을 높이는 데 절대적 요건임을 국민들에게 설득력 있게 호소해야 한다. 정부에 재정지원만 요구한다고 될 일이 아니다.

그동안 대학은 지속적으로 대학의 자율성을 부르짖었다. 그런데 그 자율성이 정말 자생력을 지닌 자율성이었던가를 엄정하게 따져 보면, 대답은 '아니다'로 쉽게 정리된다. 왜냐하면 대학 스스로 자율성을 가질 수 있는 힘을 지니지 못했기 때문이다. 간섭받지 않으면 안 되는 구조적 문제들을 안고 있었던 것이다. 그래서 대학이 기본적으로 모든 교육을 책임질 수 있는 구조로 대학 행정을 전환시켜 나가야 한다. 어느 분야든 그 주체가 자력으로 자기 영역을 지켜 나가지 못하면, 제대로 된 성장과 발전을 기대하기 힘들기 때문이다.

특히 글로벌리즘의 거센 파도가 한국의 대학에 몰아치고 있는 이 시점에 대학의 자율성과 독립성 확보는 필수적이다. 이를 위해 이제는 대학이 스스로 모든 문제를 해결해 나갈 수 있는 자력을 키우는 일이 급선무이기도 하다. 대학의 자율성 확보 없이는 교육의 독립성도, 창의성도 제대로 실현해 나갈 수 없다. 그런데 대학의 자율성과 독립성 확보는 그저 주어지는 것이 아님을 이제 대학 구성원 모두가 먼저 심각하게 자각해야 할 시점이다.

또한 교육부는 대학 교육의 발전을 위해 도와주고 협력하는 기관으로 거듭나야 하며, 대학은 제재나 간섭이 필요하지 않는 정의로운 집단 지성으로 새로 태어나야 한다. 그러지 않고서는 대학이 건전한 자율성을 갖는다는 것은 요원한 문제다. 스스로 서기 위해서는 무엇보다도 정의로움에 기초한 자생력을 키워야 한다.

이제 새 정부가 들어서고 교육부 수장도 바뀌었다. '대학 구조개혁', '고등교육 재정교부금' 등을 비롯한 대학의 주요 정책들이 또 다시 우리 사회에 이슈화될 것이다. 이 과정에서 우리 대학들이 교육부 정책에 힘없이 타율적으로 따라가기보다는, 국민적 신뢰를 기반으로 대학 스스로의 위치를 어떻게 확보해 나갈 것인지 진지하게 고민해 봐야 할 것이다.

오늘날과 같은 100세 시대, 제4차 산업혁명이라는 시대적 대전환기에, 우리 모두에게 필요한 것은 위기의식 공유와 함께 근본적인 변화를 위한 큰 결단이다. 미래는 결국 '사람'에 달려 있다는 점에서, 대학은 새로운 시대에 요구되는 인재 양성과 지식 창조에 더욱 진지하게, 정직하게 책임을 다해야 한다. 또한 대학들이 자율적으로 고민하며 교육을 독창적이고 창조적으로 특성화시켜 나갈 수 있도록 정부나 사회가 적극적으로 지원하는 것이 국가 경쟁력에도 많은 도움이 된다는 점을 인식해야 한다.

# 조화로운 공동체를
# 위해 무엇을
# 가르칠 것인가?

서너 해 전 미국 피츠버그에 있는 명문 카네기 멜런대로부터 전해온 소식은 가히 충격적이었다. 카네기 졸업생들이 다른 대학 졸업생들에 비해 근무하는 직장에서 성취도와 성장 속도가 뒤처진다는 이야기였다. 이 사실에 놀란 대학 경영진은 그 이유를 추적하는 과정에서, 성취와 성장을 좌우하는 요인이 업무 능력이 아닌 인품, 특히 사회적 능력이라는 것을 확인했다. 그것도 업무 능력은 그 비중이 15%에 불과한 반면, 인품(사회적 능력)은 무려 85%라는 결과가 나타났다. 어느 나라보다도 강도 높은 자본주의를 받아들여 철저하게 업무 능력만으로 개인과 기업의 존폐가 결정되는 미국 사회에서 벌어진 일이다.

이미 18세기에 루소는 "사람이 자연인에서 사회인으로 살기 시작하면서 자기애(自己愛)에 몰입하게 될 것이고, 이는 궁극적으로 파멸을 불러올 것이다. 사랑을 기반으로 한 경쟁애(競爭愛)라야 이 비극을 막을 수 있을 것이다'라고 경고한 바 있다. 한때 사회의 변화된 현실을 인식하지 못하고 동떨어진 인재를 양성했던 카네기 멜런대의 이런 터무니없는 오류를 우리 대학들이 어리석게 답습하는 일이 없기를 바라는 마음이다.

『논어(論語)』「학이편(學而篇)」에 나오는 '친인(親仁)'을 공자는 "널리 사람을 사랑하되 어진 이를 친하게 여기라"고 말했다. 사람과 사람 사이의 관계에서 중요한 것은 훌륭한 이를 알아보고 그와 가까이 지내고자 하는 데에 있다는 것이다. 어진 사람과 어울리기 위해서는 나 역시 그 사람과 같은 어진 마음을 갖추지 않으면 안 될 것이다.

경쟁이라는 용어로 불리는 것의 이면에는 누가 누구를 이기는 싸움이 아니라, 인과 덕을 갖춘 사람과 같은 집단이 되고자 하는 노력, 인성의 실현을 위해 앞서거니 뒤서거니 함께 뛰어가는 선의의 노력이라는 의미가 있지 않을까. 어떤 의미에서는 협동이고 축제이고 놀이인 이 시합을 굳이 '경쟁'이라는 이름으로 부르는 것은 경쟁만을 위한 의미 없는 경쟁으로 부추길 위험이 있다.

『논어』「학이편」에서 공자는 또 다음과 같이 말한다. "나보다 못한 자를 친구로 삼지 말라." 이 말은 인성이 뛰어난 사람을 친구로 삼으라는 뜻인데, 후대에 성리학자들은 여기에 의문을 제기한다. "내가 나보다 뛰어난 자를 친구로 삼으려 한다면, 나보다 뛰어난 자는 나를 친구로 삼지 않을 것이 아닌가." 이에 대해 주희는 답한다. "나보다 못한 자라도 어찌 물리치겠는가. 다만 나는 나보다 뛰어난 자에게 친구 되기를 청하고, 나보다 못한 자는 나에게 친구 되기를 청하는 것이다."

## 왕따는 인간 실격이다

내가 좋아하는 일본의 근대문학을 완성시킨 소설가 다자이 오사무(太宰治)의 『인간실격(人間失格)』(1948)이란 소설이 있다. 이 소설은 그의 대부분의 작품과 마찬가지로 자신의 삶의 방식을 그대로 담고 있어서 유서라고 평해지기도 한다. 문어가 자신의 발을 뜯어 먹듯이 그는 자신의 타락한 생활을 소설로 거침없이 표현하고 있다.

그는 인생에 패배하여 너덜너덜해진 자신의 모습을 작중 인물로 묘사하고 있다. 하지만 이 소설에서는 패배자의 마음을 아는 것이 가장 가치 있는 것이라고 말하고 있다. 이런 자조적인 작품을 그는 『인간실격』이라 이름 붙이고, 이 작품을 발표한 뒤 얼마 되지 않아 스스로 목숨을 끊는다. 그는 항상 자신은 안 된다는 겸손한 태도와 세상에 대한 냉소적인 시각을 가지고 있었다. 많은 사람들이 다자이의 작품을 좋아하는 것은 그의 진지하고 순수한 삶에 끌렸기 때문이다.

　오늘날 '왕따'를 행하는 사람은 인간실격에 비유된다고 말할 수 있다. 다자이의 가치관과 달리 사람을 괴롭히면서 털끝만큼도 자신에 대한 반성 없이 기뻐하는 사람은 성악설에서 말하는 인간의 악한 면을 나타내고 있는 것이다. 우리는 왕따의 무서움에 더욱더 민감해지지 않으면 안 된다. 학교생활이나 사회생활 속에서 제일 경계해야만 하는 것이 왕따이다. 왕따를 행하는 가해자는 인간으로서의 수준이 낮다(품격이 없다)는 것을 나타낸다. 왕따는 어느 시대에나 있었고, 앞으로도 없어지지 않을 것이다.

　『라쇼몬(羅生門)』(1915)이란 소설로 우리나라에도 잘 알려진 일본의 소설가 아쿠타가와 류노스케(芥川龍之介)는 "아이에 대한 어머니의 사랑은 가장 이기심이 없는 사랑이다. 하지만 이기심이 없는 사랑이 반드시 아이에게 가장 이상적인 사랑은 아니다. 이런 이기심이 없는 사랑이 아이에게 주는 영향의 대부분은 아이를 폭군으로 만들거나 약한 아이로 만들거나 하기 때문이다"(저자 역)라고 말한다.

　학교에서도 사회에서도, 인간은 왕따를 당하기보다 왕따를 행하기 쉽다. 의무를 다하지 않고 쉽게 인권을 짓밟는 사람들은 없어야 한다. 하지만 헌법에 명시되어 있듯이 기본적인 인권을 제일 소중히 여겨야 하기 때문에, 왕따를 하는 가해자는 반드시 근절해야 한다. 물건을 훔치거나 폭행하는 사람들을 형사 사건으로 처리하는 것과 같이 괴롭힘, 언어폭력, 사이버 폭력, 신체적 폭력을 행하는 왕따 가해자는 끝까지 찾아내서 엄중히 처벌해야 한다. 가벼운 마음, 인색한 마음으로 가해가자 되는 것은 인간실격, 즉 '품격 없는 사람'인 것이다.

2015년에 번역 출간된 『감정의 격동』에서 마사 누스바움은 "공공교육의 목적은 다른 사람의 경험을 상상할 수 있고, 그들의 고통에 참여할 수 있는 능력을 계발하는 데 있다"라고 말한다. 다른 사람의 고통에 연민(compassion)을 느끼는 것은 훌륭한 시민이 되기 위한 전제 조건으로서, 이런 능력을 가르치는 일은 공적으로 지원할 필요가 있다는 것이다. 초등학교부터 학생들에게 다양한 유형의 사람들에 대해 공감을 확대해 나갈 수 있는 교육 프로그램을 만들고, 이와 관련된 인문학, 예술 교육에 좀 더 힘써야 한다는 것이 그의 주장이다. 이런 공감이나 연민을 느끼는 교육이 소홀히 될 때 아이들은 병리적 나르시시즘을 앓고, 결국 다른 사람의 고통을 함께 느끼는 데 어려움을 겪는 사람이 될 수밖에 없다.

이런 측면에서 문학, 음악, 미술 수업을 줄이면서 인성 교육을 강화한다는 것은 어불성설이 아닐 수 없다. 공감과 연민을 배우지 않은 아이들이 어른이 된 사회는 어떠할까. 한국 사회는 이미 그 현상이 나타나기 시작했다. 이제는 진지하게 머리를 맞대고 고민해야 할 때이다. 우리 사회의 모습이 아무리 힘들고 절망적이라 하더라도, 인간에 대한 믿음과 미래 세대에 대한 희망을 포기할 순 없다.

　우리 모두의 미래를 위해서 우리가 아이들에게 '무엇을 가르치느냐'는 것은 매우 중요하다. 우리는 다가올 제4차 산업혁명 시대에서 아이들이 살아가기 위해 필요한 지식과 기술을 제공하는 교육 시스템은 얼마든지 만들어 낼 수 있다. 그러나 우리가 건강한 아이들, 조화로운 공동체, 안정된 지역 경제와 보호받는 환경을 원한다면, 우리는 아이들에게 인내와 협동, 연민을 가르치는 것부터 시작해야 한다. 또한 아이들이 지식과 기술을 습득할 수 있도록 용기를 북돋아 주어야 하고, 무엇보다도 아이들이 자신을 둘러싼 이웃, 나아가 전 세계가 하나가 되어 더불어 살아가야 한다는 사실을 인식하도록 해야 한다.

　'물질주의를 놓아야 성장할 수 있다!'는 역설이 있다. 국가는 성장과 복지에 앞서 인권과 환경을 중시하는 '사람'에 대한 진정한 가치, 그리고 시민으로서의 '참여'를 인정할 때 진정한 성장이 이뤄진다는 것이다. 이와 같은 생각을 갖고 품격 있고 가치 있는 사회를 추구해 나아가야 세계 속에서 존경받는 나라가 될 수 있을 것이다. 위대한 삶을 산 버트런드 러셀 경은 '사랑에 대한 동경', '지식의 탐구', '인류의 수난에 대한 참을 수 없는 동정'을 말하면서, 이 시대에 살고 있는 우리들에게 좀 더 나은 사회를 위해 추구해야 할 가치를 제시한다.

## 유명무실한 인성 교육진흥법

국회에서 만장일치로 통과될 만큼 국민적 공감대를 반영하여 제정된 인성 교육진흥법(이하 진흥법)은 지난 7월 21일로 시행 2주년을 맞았다. 그러나 현장에서는 '유명무실하다'는 따가운 지적이 나오고 있다. 이 진흥법의 목적은 올바른 인성을 갖춘 국민을 육성하는 것이라고 한다. 인성교육의 내용은 윤리적 덕목(예·효·정직·책임·존중·배려·소통·협동)과 이를 실천할 수 있는 2가지 역량(의사소통 능력, 갈등해결 능력)으로 명시되어 있고, 이런 교육을 실시하면 핵심 가치를 실천할 수 있는 필요한 지식과 공감, 소통, 갈등해결 능력을 길러 줄 것이라고 한다. 그러나 입시교육 등에 우선순위가 밀리면서 학교 현장에선 인성 교육이 외면 받고 있다. 교사들은 인성 교육을 담당하기 위해 일정 시간 연수를 받아야 하고, 국민적 노력이라는 핑계로 지자체와 지역사회에도 학교의 인성 교육을 지휘·감독해야 하는 책임과 의무가 주어졌다.

중앙일보와 한국교총이 공동(2017년 6월 30일~7월 7일)으로 교사 598명에게 인성 교육에 관해 물어보았다. 절반 가량(46%)이 인성 교육진흥법이 제정돼 시행 중인 사실조차 모르고 있었다. 특히 62%는 법에 따라 정부가 지난해 마련한 '인성 교육 5개년 종합계획'에 대해 '모른다'고 답변했다. 김재철 한국교총 대변인은 "취지와 중요성엔 공감하지만, 정작 법 적용 대상의 태반이 모르는 '있으나마나한 법'"이라고 말했다. 인성 교육이 외면 받는 이유는 무엇일까. 교사들은 첫 번째 이유로 입시 위주의 교육환경(51.3%, 중복 응답)을 꼽았고, 두 번째 이유는 '현실을 도외시한 정책 중심의 인성 교육 추진'(48%)을 꼽았다. 또한 주무부처인 교육부의 의지 부족도 외면 받는 이유 중의 하나이다.

이렇게 현장에서조차 외면 받고 있는 진흥법이지만, 대다수 학부모는 인성교육을 원하고 있다. 리서치앤리서치가 지난해 전국 학부모 500명을 대상으로 조사한 결과 학교가 중시해야 할 교육 '1순위'로 부모들은 인성 교육(44.8%)을 제일 많이 꼽았다. 창의성 교육(20.4%), 진로·특기적성 교육(14.4%)보다 앞섰다. 66.4%는 인성 교육을 통한 인격 함양이 진로·진학 대비(25.4%)나 교과 학습을 통한 지식 습득(8.2%)보다 중요하다고 밝혔다.

전문가들은 교육부가 인성 교육에 강한 의지를 갖고 학교에 행정·재정적 지원을 늘려야 한다고 제안했다. 한국 교육정책교사연대 대표인 이성권 대진고등학교 교사는 "인성 교육이 제대로 되려면 과목마다 인성의 중요한 가치와 덕목을 습득할 수 있도록 교육과정을 설계해야 한다. 정부가 교육의 근본 목표를 인성 교육으로 수립해야 가능하다"고 말했다. 과거에 행해졌던 주입식 윤리·도덕 교육을 넘어서는 것도 필요하다. 지은림 경희대 인성 교육센터장은 "21세기 인성은 도덕성과 사회성·감성의 조화를 필요로 한다. 자기 조절력과 협력·배려·나눔과 같은 시민적 역량을 키우는 방향으로 인성 교육을 해야 한다"고 제안했다.

한국 사회가 심각한 윤리성 부족에 직면하게 된 데는 여러 가지 이유가 있겠지만, '실용성'과 '효율성'만을 강조하는 교육에도 적지 않은 원인이 있을 것이다. 교육마저도 가시적 성과와 수치화된 성취를 중시하는 상황에서 인성 교육이 설 자리는 없다.

맹자는 인간의 본성을 인의(仁義)라고 규정하고, 남을 불쌍히 여기고 도덕적으로 옳고 그름을 구별하는 마음은 인간이라면 누구나 태어나면서부터 가지고 있다고 보았다. 인간이 본래 타고난 본성을 잃어버린 상태가 실성(失性)이니, 오늘날 한국 사회의 모습이 그렇다. 자식 잃은 부모의 참담함을 조롱하고, 마땅히 분노해야 할 때 체념의 순종을 택하는 이 사회의 모습은 인간의 기본 조건인 사단(四端 : 측은지심(남을 불쌍하게 여기는 타고난 착한 마음), 수오지심(자기의 옳지 못함을 부끄러워하고 남의 옳지 못함을 미워하는 마음), 사양지심(겸손하여 남에게 사양할 줄 아는 마음), 시비지심(옳음과 그름을 가릴 줄 아는 마음))의 상실을 증명한다.

교육은 오늘날 우리 사회에서 가장 심각하게 무너진 영역이다. 물론 우리의 뜨거운 교육열이 식어 버렸다는 이야기가 아니다. 이렇게 심각하게 망가진 이유는 정부의 체계적이지 못하고 어설픈 교육 정책과 입시 위주의 교육을 하는 학교 현장에서 찾아볼 수 있다. 포퓰리즘의 유혹에 빠진 정부의 교육 정책은 이익집단으로 변해 버린 사범대·사교육·학부모·언론에 휘둘려 휘청거린다. 또 학교와 교실의 현실도 참담하다. 이제 학교는 학생들에게 무엇을 어떻게 가르칠 것인지를 스스로 결정할 수도 없다. 교사도 스승으로 대접받지 못하고 있다. 인성교육진흥법에서도 그런 인식이 분명하게 확인된다. 학교와 교사의 역할은 국민체조 수준의 인성 교육 프로그램을 운영하는 수동적인 수준으로 끝난다.

세계에서 유일하게 유교 정신이 남아 있는 우리나라에서는 윤리 교육을 교과목으로까지 만들어서 교육시키고 있다. 그런데 요즘 나타나고 있는 사회 현상은 참담하다 못해 처절하기까지 하다. 강도 높은 자본주의 사회 미국에서조차도 인성 교육의 목표는 윤리적 덕목의 습관화이다. 이 같은 내용은 '인성 교육 11원칙'에서도 잘 나타난다. 인성 교육이 윤리적 덕목에 따라 '생각하고(thinking), 느끼고(feeling), 행동하고(doing)', 즉 실천하는 것이라면, 우리나라 인성 교육은 윤리 교육을 교과목으로만 한정시키는 듯하다. 하지만 그럴 것이 아니라 독서, 체육, 예술, 봉사 등 다양한 방법에 적용시켜야 하며, 교육 주체 역시 학교에서 가정, 그리고 공동체로까지 확대해 나가야 한다.


## 유대인의 우수성은 인성 교육의 결과

KBS 제1방송 명사 초청강연에 어린이날 특집으로 재미 교육학 박사 현용수 교수가 출연하여 인성 교육에 대한 강의를 했다. 그의 말에 의하면, 문화는 수직문화와 수평문화로 나뉜다. 수직문화는 전통, 역사, 종교, 철학, 사상, 고전, 효도, 고난 등을 들 수 있고, 수평문화는 물질, 권력, 명예, 유행, 현대 학문 및 과학·기술 등을 들 수 있다. 이런 두 가지 가운데 수평문화는 오늘날 학교교육에서 가르치는 각종 지식과 기능을 습득하는 것이고, 인성교육은 수직문화를 통해서만 가능하다고 했다.

현 교수는 2차 세계대전 후에 이 지구상에서 가장 성공한 나라로 한국과 이스라엘을 꼽았다. 그는 세계의 역사 발전에 크게 영향을 미친 인물로 찰스 다윈, 칼 마르크스, 지그문트 프로이트, 알베르트 아인슈타인을 꼽았는데, 이들 중 영국의 생물학자인 다윈을 제외하고 모두 유태인이었다. 이들이 훌륭한 인물이 될 수 있었던 것은 유태인 가정에 전통적으로 내려오는 수직문화에 의해 받은 인성 교육이 올바른 정신적 바탕을 갖추게 했기 때문이라고 한다.

이스라엘은 수직문화를 통해 인성 교육이 잘 이루어지고 있는 데 비해 한국은 그렇지 못하다고 했다. 유태인 가정에서는 지금도 『성경』(구약성서)과 『탈무드』를 토대로 부모가 자식들에게 철저한 인성 교육을 실시하고 있다. 그 결과 세대 간의 단절을 찾아보기 힘들다. 이에 비해 한국은 수직문화에 의한 가정교육이 제대로 이루어지 않고, 또한 부모 세대에 의한 인성 교육도 이뤄지지 않아 세대 간의 단절이 심화되어 가고 있다. 따라서 한국 사회가 이런 상태로 계속 가면 세계의 역사에 커다란 공헌을 할 수 있는 학자나 사상가가 나오기 힘들다는 것이 그의 주장이었다.

여기서 현 박사가 주장하는 수직문화는 바로 전통문화를 말한다. 전통이란 지난 세대에 이루어진 것이 다음 세대로 전해지는 모든 것을 말한다. 따라서 전통문화에는 우리 조상들이 살아온 생활방식, 가치관, 풍습, 학문, 제도, 사상 등이 포함되어 있다. 이런 전통문화를 바탕으로 오늘날 우리의 삶이 계속 이어져 가고 있는 것이다.

그러나 젊은 세대를 비롯한 일부 사람들은 전통적 제도나 가치가 불합리하고 고루한 것이라고 생각하여 거부하고 배척하려는 경향이 강하게 나타난다. 물론 전통문화 중에는 일부 그런 것들도 있다. 예를 들어 조선시대에 지배적인 가치관의 일부로 작용했던 남존여비 사상, 칠거지악, 각종 권위주의적 사고(思考) 등이 그렇다. 그렇지만 동·서양을 막론하고 전통사상 중에는 인간 생명의 존귀함, 인간의 존엄성, 사랑, 자비, 성실, 겸손, 효, 보은, 친절 등 보편적이고 불변적인 가치들이 있다.

한국 사회는 1960년대 이후 급격한 산업화 과정을 거치면서 사회 공동생활의 중심이며 삶의 근간이던 전통적 가치들을 상실하고 말았다. 따라서 우리 조상들이 중시해 오던 인성 교육 차원에서의 가정교육은 완전히 실종됐다고 주장해도 지나친 말이 아니다. 이제 우리는 전통문화를 토대로 도외시했던 인성 교육을 가정에서 실행하도록 해야 한다. 인성 교육은 재능이나 기능을 기르는 교육이 아니다. 사람의 마음 바탕을 기르고, 좋은 품성과 덕성을 토대로 훌륭한 인격이 형성되도록 도와주는 교육이다. 바람직한 인성은 어릴 때부터 인격적 가치와 인간의 숭고한 내면적인 정신적 가치를 일깨워 줘야 길러진다. 그런 교육이 진정한 인성 교육이다.

인성 교육은 우리의 전통문화 속에 녹아 있는, 그리고 여러 세대를 통해 대대로 이어져 내려오는 보편적 가치를 통해서만 올바르게 이뤄질 수 있다. 기본적으로 가정에서 부모를 통해 이루어져야 하지만, 오늘날 같은 핵가족 시대에는 학교 교육에서도 적극적으로 보완해서 실시하도록 해야 한다. 그렇게 할 때 비로소 훌륭한 인격을 기르는 참교육이 실현될 수 있을 것이다.

우리 사회의 난제들은 교육에서 그 희망을 찾아야 한다. 더불어 살아가는 데 필요한 인성과 태도는 어려서부터 체험을 통해 습득되어야 한다. 특히 서로간의 '다름'을 소중하게 여기고 존중하며, 더불어 살아가는 것이 서로에게 도움이 됨을 공감할 수 있도록 해야 한다. 이 같은 교육은 후에 그 국가의 품격으로 나타난다. 그런데 지금까지 우리 교육은 개인의 성장이나 사회에서 필요로 하는 인력 충원의 차원에서만 이뤄졌지, 우리 사회를 공동체로서 유지하고 발전시켜 나가는 일에는 그다지 큰 노력을 기울이지 않았다.

그러므로 앞으로 조화로운 공동체를 위해서는 제도·시스템보다는 사람을 먼저, 그리고 사람과 사람 사이의 관계를 중시하도록 인성 교육을 강조해야 한다. 정원, 등록금, 구조조정을 논하기에 앞서, 한 사람의 마음을 읽어 주고 품성을 바르게 형성해 나가도록 도와줄 수 있어야 한다. 또한 사람들에 대한 이해와 배려, 정직과 투명 등의 가치를 공유하도록 해야 한다. 이 같은 조화로운 공동체 사회를 이루기 위해서는 교육자들이 먼저 나서서 참된 교육자의 모습을 보여줘야 하고, 참교육을 받은 학생들은 '스승'의 발자취를 그대로 보고 따라가야 한다. 그러다 보면 우리나라의 국격이 좀 더 나아질 것이다.

# 백년지대계로써의
## 교육철학은

한림대 석좌교수이며 원로교육학자인 정범모 교수는 한국 교육을 비판한 『한국 교육의 신화』(2012)에서 "한국 교육의 직접 당사자인 초·중·고등학교에 다니는 학생들 그리고 학부모들에게 '학교가 좋으냐?' 또는 '한국의 교육이 잘돼 있다고 생각하는가?'라고 묻는다면, 과연 그 답이 피상적인 국제 평판처럼 긍정적일까, 아니면 도리어 한숨부터 내쉴까? 한국 교육이 잘돼 있다고 생각하는 한국 사람은 한국 교육을 총괄하고 있는 교육행정 당국자나 지나친 자기도취에 젖어 있는 사람들 이외엔 별로 없을 것이다"라고 말한다. 오랫동안 교육 현장에 몸담았던 정 교수는 이 책에서 한국 교육이 성공적이라는 겉모습을 벗겨내고, 고시 왕국, 암기식 교육, 대학 내 교양교육과 초중고 교육 등의 여러 문제점에 대해 지적하고 있다.

그런데 흥미로운 것은, 그의 한국 교육 비판이 오랫동안 한국 교육학계를 형성해 온 자기 자신까지 비판의 대상으로 삼고 있다는 점이다. 그는 이렇게 말한다. "한국 교육을 비판한다는 것은 필연 그 관련자 모두에 대한 비판이 된다. 행정가, 교사, 부모, 언론인, 나아가 사회 전반 재고와 반성을 바라는 비판일 수밖에 없다. 그런 뜻에서는 나도 한국 교육의 한 관련자였기 때문에 이 책의 비판 조항들은 나 자신의 반성 또한 요구하는 자성의 참회록일 수도 있다."

이런 점에서 이 책은 원로 교육학자인 그의 뜨거운 '자성의 참회록'이라고도 부를 수 있다. 저자는 여덟 가지 문제를 겨냥한다. 고시 만능으로 흐른 교육 풍토, 엘리트만 키워 내는 학교 교육, 공인 교육이 없는 잡식(雜食) 교육, 기숙사도 없고 교양 교육을 홀대하는 대학 교육, 진정한 학문적 성취가 미흡한 학계, 관주도 교육 개혁과 비대한 사교육, 창의력과 인성을 함양하는 전인교육의 부재, 철학이 없는 한국 교육의 방향성 등이 그것이다.

고시 왕국이 된 한국 사회라는 지적에 이의를 달 사람들은 없을 것이다. '고시라는 폭군이 지배하는 왕국', '한 방' 단판 승부에 의해 사람들의 인생행로가 뒤바뀌는 대한민국. 저자의 비판은 가장 먼저 이 '고시 만능'을 겨냥한다. "한두 시간의 필답고사로 인간의 긴요한 특성을 다 판명할 수 있다는 고시 만능의 관념은 한국 사회 그리고 한국 교육의 신화이자 미신이다." 그의 말대로 여기에는 지적·정적·도덕적 특징을 보장하는 '인간에 대한 전인적 평가가 결여되어 있기 때문이다.

저자가 엘리트 교육을 우려하는 대목도 인상적이다. "나는 고스란히 우등생·수재만 모여 있는 엘리트 학교는 실은 이 사회에 정말 필요한 지도층의 자질은 기르지 못하고 헛된, 때로는 오만한 선민의식(選民意識)을 조장하게 된다고 생각한다. 이 사회가 필요로 하는 각계 지도자는 사회의 다양성을 넓게 그리고 깊게 이해하고 있는 인물이라야 한다. 지도층이 될 인물은 부자의 사정도, 가난한 사람의 사정도 이해하고, 머리 좋은 사람과 머리 나쁜 사람의 사정도 알고, 기업가와 노동자, 백화점과 시장바닥, 군인, 공무원, 과학자 등 다양한 계층의 다양한 사람의 문제와 고민, 희망과 포부를 깊이 이해하고 있는 인물이라야 한다." 우리나라 교육이 엘리트 교육을 제대로 하고 있지 못하다는 정 교수의 날카로운 지적은 같은 원로 교육자로서 전적으로 책임을 통감하게 한다.

학교 교육은 해방 후 오늘에 이르기까지 지식과 기능을 갖춘 인재양성에는 성공했는지 몰라도, 선량한 인간, 도덕적인 인간성을 갖춘 엘리트를 양성하는 데는 크게 실패했다고 할 수 있다. 인간 생활에는 대화가 있고 사랑이 있으며 즐거움과 낭만이 깃들어야 한다. 그럼에도 불구하고 청소년들은 새벽부터 밤늦게까지 인성 교육은 뒤로 하고, 편협하고 왜곡된 교육관을 답습하고 있다. 그러므로 더 늦기 전에 우리의 얼을 되살릴 수 있는 선비정신에

뿌리를 둔 충(忠), 효(孝) 교육과 인성 교육을 본래의 모습으로 복원시키기 위해 심혈을 기울여야 할 때가 왔다고 생각한다.

교육정책은 정권이 바뀔 때마다 변화돼야 하는 일반 정책이 아니라, 정책의 일관성이 유지되어야 하는 국가 백년지대계이다. 그럼에도 불구하고 전 정권이 해결하지 못한 고질적인 교육 문제들은 항상 이슈처럼 떠올라 논의의 대상이 되고 있다. 이에 차기 정권은 이슈가 된 교육 난제들을 해결하기 위해 다양한 정책을 쏟아내며 노력하지만, 항상 용두사미의 모습으로 기대에 부응하지 못하고 지지부진하게 끝나고 만다.

백년지대계인 교육문제를 정당, 학연, 지연, 혈연에 의한 선거가 아닌 정책 선거(매니페스토 운동)의 정착, 정책 결정자의 일방적인 추진이 아닌 이해 관련 당사자들 간의 지속적인 소통과 협의, 현장의 목소리를 반영하는 상향식 접근 등의 방법을 통해 교육 난제들을 해결해 나가기를 기대해 본다. 물론 교육 개혁의 문제는, 그것이 지닌 복잡함 때문에 '포퓰리즘' 내지 '선거공학'의 관점에서 단순하게 접근하기는 매우 어려운 난제이다. 적어도 여의도에서 표를 모으기 위해서 정책을 기획하고 다루는 이들에게는 어렵고 힘든 것이 교육 문제인 것만큼은 분명하다.

결론부터 말하자면, 문제는 방향이다. 즉, 교육 문제를 접근함에 있어서는 생각의 전환이 필요하다는 얘기이다. 교육 문제는 적어도 선거공학이 아닌 정치철학의 관점에서 접근해야 해결이 가능하다고 생각한다. 결국 복잡한 난제를 풀 때는 용기와 지혜가 필요하다.

각설하고, 한국의 교육 문제를 해결하기 위해 용기를 가지고 잘라 버려야 할 문제는 도대체 무엇일까. 그것은 다름 아닌 대학입시이다. 대학입시에서 '내신과 수능으로 전형을 단순화시키겠다는 매듭을 자르는 용기와 지혜가 필요하다. 요컨대 지금의 '수학능력 시험' 제도를 폐기하고 교육 선진국인 독일이나 프랑스에서 시행되고 있는 장문의 글쓰기 능력을 요구하는 바칼로레아(Baccalaureate)나 아비투어(Abitur)와 같은 시험 제도에 부합하는 교육 내용과 교육 방식에 대한 근본적인 전환도 동시에 요청되기 때문이다. 이렇게 시험제도가 바뀌면 교과서가 없어도 수업이 진행될 수 있기 때문에, 이른바 교육 선진국이라고 인정받는 나라들의 교육 방식으로 바뀔 수 있다.

이런 일이 한국에서도 가능할까? 가능하다. 용기와 지혜만 있다면 말이다. 장기적인 전망을 가지고 천천히 그러나 단호하게 접근하면, 입시 문제와 교육 문제를 지혜롭게 풀 수 있을 것이다. 하지만 나는 지금 우리에게 필요한 것은 지혜보다는 용기라고 생각한다. 무엇보다도 교육 문제 해결에 필요한 지혜는 기본적으로 용기를 전제로 할 때 성립한다고 생각하기 때문이다. 결론적으로, 우리의 입시 교육 방향을 결정해야 할 시기는 바로 지금이다. 그러나 문제는 방향이다. 인터넷을 찾으면 다 나와 있는 답들을 머리에 욱여넣기 위해 아이들을 학원으로, 고시원으로 내몰아야 하는 시대는 더 이상 아니다.

하지만 지금 교육 현장은 안타깝게도 입시라는 경쟁의 확고부동한 서열 식 교육의 틀에 따라 작동되고 있다. 더욱이 입시라는 경쟁 대열에도 끼지 못하고 낙오된 학생들에게는 암담한 교육 현장일 수밖에 없다. 설사 입시경쟁을 뚫고 대학에 들어온 학생들이라 해도, 인간이 추구해야 할 본질적인 가치와 인문정신조차 배우지도 못하고 취업 경쟁 대열에 내몰리고 있는 것이 현실이다. 일부 교육 현장에서는 이런 현실을 자각하고 서로 함께 의지하고 더불어 협력해 성장하는 실천적 교육을 강조하며 창의교육을 편성하고 있지만, 냉혹한 현실의 장벽을 넘기엔 역부족이다.

한 치 앞도 가늠하기 어려운 세상이라지만, 현시점에서 우리는 백년지대계라는 교육의 본질을 깊이 있게 들여다 보며 더 늦기 전에 교육의 미래를 상상해야 한다. 청소년들이 꿈과 비전을 세워 나갈 수 있는 장이 지금의 현실에선 지극히 제한되어 있다. 그러니 우리가 상상하고 꿈꾸는 미래에선 그 무한한 상상력과 꿈을 펼쳐 나갈 수 있도록 이끌어 줘야 한다. 그렇게 되려면 청소년 각자가 이룰 수 있는 꿈과 비전이 평등한 가치에서 존중될 수 있도록 해주고, 교육의 틀을 유연하고 다양하게 준비해 주어야 한다.

청소년들의 꿈과 비전이 현실로 실현되려면, 우선 물질만능주의와 그릇된 교육관을 바로잡기 위한 국민 의식 개혁이 수반되어야 한다. 무엇보다 중요한 것은 교육의 단계나 수준보다 방향, 즉 진정으로 학생들이 자아실현을 할 수 있는 길을 제시해 주는 것이다. 교육을 책임지고 제도를 만드는 기득권층부터 한마음이 돼 서로 양보하고 더불어 협력하는 바람직한 모습을 보여, 그들에게 희망을 주어야 한다.

마지막으로, 사회의 기대에 부응하는 교육, 즉 예술적 하모니를 이룰 수 있는 경쟁력 있는 인재양성을 해야 한다. 따라서 이런 교육은 개인주의를 뛰어넘어 '함께'라는 모토 아래 창조적이고 정신적인 공감을 이룰 수 있는 가치 교육에서 출발해야 한다. 우리 교육의 미래가 곧 우리나라의 미래이기 때문에, 교육 속에서 백년지대계의 교육철학이 살아 숨 쉬어야 할 것이다.

# 품격 있는 나라란

# 행복한
# 대한민국

"주인아주머니께 죄송합니다. 마지막 집세와 공과금입니다. 정말 죄송합니다"라는 서른한 글자에 불과한 짧은 유서를 남기고 세 모녀는 자신들이 살던 집에서 삶을 안타깝게 마감했다. 세상의 많은 사람들이 경제적으로 살기 힘들어도 꿋꿋이 버티면서 살아가고 있는데, 그들은 왜 죽음을 선택해야 했을까? 세상에 죄를 진 것도 아니고 월세가 밀린 것도 아니었는데, 그 짧은 유서에 왜 '죄송합니다'라는 표현을 두 번이나 표현하고 있을까.

그들과 같이 안타까운 죽음을 선택하는 이들을 막기 위해서는 사회복지 차원에서 실효적 대책을 세우는 것이 매우 중요하다고 생각한다. 그러나 예측할 수 없는 재난과 구조적으로 고통스러운 사회에서는 위 세 모녀와 같은 사회적 약자들이 착한 사람들로 다시 태어날 수밖에 없다. 이런 사회의 잘못된 구조적 모순을 우리는 보다 근본적이고 심각한 문제로 인식해야 한다. 수천만 국민에게 했던 약속을 헌신짝처럼 던져 버리고도 미안함과 부끄러움을 느끼기는커녕 뻔뻔스러움의 극치를 보여주는 이들이 있는 반면, 오히려 정직하고 올곧게 살다가 가는 이들이 부끄러워하는 세상이 되었다.

사람은 무엇 때문에 사는가? 돈을 벌기 위해서, 성공하기 위해서, 아름다운 인생을 위해서 등 다양한 생각들이 있겠지만, 궁극적으로는 행복하기 위해서가 아닐까? 자신과 가족의 건강, 국가의 발전, 인류의 평화 등 이 모든 것도 행복해지기 위한 조건일 뿐이다. 사람마다 행복에 대한 가치관이 다르기 때문에 획일적으로 행복을 정의하기는 힘들겠지만, 이런 조건들은 결국 행복의 기준이 될 수밖에 없다고 생각한다.

UN이 발표한 세계행복보고서에 2년 연속 덴마크가 행복지수 1위에 올랐고, 우리나라는 41위에 머물렀다. 《오마이뉴스》를 창간한 언론인 오연호는 『우리도 행복할 수 있을까』(2014)라는 저서에서 행복사회를 지탱하는 몇 가지 정신적 가치를 언급하고 있다. 그는 훌륭한 복지제도가 많은 세금을 동반해야 한다는 생각 때문에 행복사회로의 한 걸음을 주저하고 있는 한국 사회가 앞으로 나아가야 할 방향을 다음과 같이 키워드로 제시하고 있다. 즉, 그는 자유, 안정, 평등, 신뢰, 이웃, 환경이라는 6개의 키워드가 덴마크의 지역사회를 행복하게 만든다고 했다. 그가 제시한 6

개 키워드 중에서 특히 우리 한국 사회에 부족한 것은 평등, 안정, 신뢰가 아닐까.

덴마크는 의사, 변호사, 국회의원이 특별한 대우를 받지 않고, 택시기사와 식당 종업원이 중산층으로서 자부심을 느끼는 사회로서, 모두가 중요하고 평등한 사회 구성원이라는 자각이 뿌리 깊게 자리 잡고 있다고 한다. 또한 이 나라는 사회가 개인을 보호한다. 대학까지 지원되는 교육비, 평생 무료인 병원비, 2년까지 지급되는 실업 보조금 등 촘촘한 사회 안전망이 낙오자를 방지하고, 개인의 창의적 도전을 돕는 안정된 사회라고 한다. 국민들은 정부의 사회 안전망에 대해 절대적인 신뢰가 있어서 본인들이 내는 30~50%의 세금을 기쁘게 내고, 그 세금으로 남을 돕는다는 사실에 만족해 한다고 한다.

덴마크의 미래학자 롤프 옌센은 『드림 소사이어티(Dream Society)』(2000)에서 덴마크의 행복 비결을 '평등'으로 꼽았다. 모두가 고르게 개인의 능력이나 재산에 상관없이 존중받는 덴마크 사회는 행복 역시 평등하게 나눠 가졌다. 또한 '신뢰'와 '평등'을 중요한 가치로 삼으면서도 자유의 정신을 잃지 않아, 노조 조직률이 70%인데도 서로 양보하고 연대해서 공산주의와는 다른 길을 걷고 있다. 이런 신뢰와 평등의 가치를 기반으로 한 사회적 합의가 있었기 때문에, 정치적으로 집권당이 진보이든 보수이든 견고한 사회복지 시스템이 유지될 수 있었고, 해고의 자유가 보장되면서도 노동자의 직업 만족도 역시 OECD 최상위권이라는 두 마리 토끼를 다 잡을 수 있었다고 한다.

현재 우리 사회의 모습은 절망과 무기력, 반목과 갈등, 불신과 불평등에 지쳐 있다. 오연호는 한국 사회에 대해 "다시 시작할 수 있다! 다른 길은 있다! 나의 변화로 출발하자! 자존감과 연대의식으로 잃어버린 신뢰를 되찾을 때 행복사회로 한 걸음 다가갈 수 있다"고 제언하고 있다. 행복은 결코 물질적 만족에만 있는 것이 아니다. 인간은 빵 없이도 못 살지만 빵만으로도 못사는 존재이기 때문에, 정신과 물질이 조화를 이루어야 행복을 느낀다.

덴마크와 마찬가지로 대표적인 북유럽 복지 선진국 노르웨이는 경제협력개발기구(OECD), 유엔 등이 '세계에서 가장 행복한 나라'를 조사할 때마다 항상 최상위권에 속한다. 세계경제포럼은 올 1월 처음으로 국가별 지속 가능한 질적 성장을 측정하고자 '포용적 성장지수(IDI : Inclusive Development Index)'를 매겨 발표했다. IDI에서는 국가별 경제성장을 국내총생산(GDP)이 아닌, 국민이 체감하는 생활수준을 기준으로 평가해서 고용률, 1인당 GDP, 빈곤율, 지니계수(소득분배의 불균형 수치) 등 각종 불평등 지표까지 넣어 조사했다. 조사 결과 노르웨이가 1위를 차지했고, 한국은 14위에 그쳤다. 세계경제포럼은, 2008~2013년 노르웨이의 경제 성장률은 0.5% 오르는 데 그쳤지만 국민생활 수준은 10.6%가 올랐다고 밝혔다. 노르웨이 노동사회부 차관 모르텐 바케(43)는 "노르웨이 국민들은 공정한 기회를 제공하고 약자를 지원하는 사회복지 시스템을 강력하게 지지한다"면서 "포용적 성장을 위해서는 실업, 교육, 건강 문제 등을 오로지 개인의 부담으로 돌려서는 안 된다"고 강조했다. 그의 발언은 우리 한국 사회에서도 심각하게 고민해 봐야 할 문제라고 생각한다.

우리나라는 경제성장과 물질적 풍요, 과학과 의학의 발전으로 경제수준은 10위권을 차지하고 있다. 그러나 삶의 질이나 행복은 여전히 그렇게 높은 평가를 받지 못하고 있다. 최근 《뉴스위크》가 100개 국가를 대상으로 조사한 삶의 질(소득 불평등과 실업률, 성차별, 10만 명당 살인사건 비율 등) 부분에서 우리나라가 29위를 기록했다. 이 결과에서도 나타나듯이 우리는 경제적인 풍요로움은 어느 정도 이루었으나 삶의 질에서는 아직도 가야 할 길이 먼 것 같다. 미국 일리노이대학 교수이면서 행복학 연구의 세계적 권위자 에드 디너는 "한국은 지나치게 물질 중심적이고, 사회적 관계의 질이 낮다. 이는 한국의 낮은 행복도와 밀접하게 관련된다. 특히 물질중심주의적 가치관은 최빈국인 짐바브웨보다 심하다"고 하면서, 돈을 버는 데 너무 신경을 써서 가족관계나 취미생활로부터 얻을 수 있는 행복을 등한시한다고 한국 사회를 진단했다.

대한민국은 이제 행복하고 풍요로운 삶을 위해 물질중심주의적 가치관에서 벗어나야 한다. 그러기 위해서는 특히 특권층이 권력, 명예, 재물 등의 탐욕을 버려야 한다. 그들이 탐욕에 빠져 있는 한 항상 갈등하고 괴로워하는 구조를 벗어나기 힘들 것이다. 억만장자가 산더미처럼 쌓아 놓고도 더 많은 것을 갖지 못해 괴로워하고, 높은 자리에 올라가서도 더 높은 자리를 갈구하며, 혼자서만 그 자리에 머물러 있겠다고 온갖 권모술수를 쓴다면, 우리의 행복을 어디에서 찾을 수 있을 것인가.

또한 우리 사회의 무한 경쟁, 무한 성취, 무한 축적을 보장하고 부추기는 모든 제도도 바꿔야 한다. 지금의 제도는 행정이나 정치, 교육, 경제, 심지어는 가족관계에까지도 경쟁 논리가 적용되어, 사회는 승자만을 우상화하고 존경한다. 이런 환경 속에서는 더불어 사는 사회, 모든 인류가 풍요롭고 행복한 세상을 이뤄 나가기 힘들다. 개인의 탐욕이나 이기적인 삶을 살지 못하도록 사회 제도도 변해야 하고, 개인도 타인과 함께 살아갈 수 있는 기본적인 인격을 갖추어야 한다. 그래야 우리 모든 인류가 풍요롭고 행복한 삶을 살아갈 수 있을 것이다.

최근 한국 사회는 전체 인구의 10%인 고소득 계층이 총소득의 70% 이상을 점유하고 있는 부의 쏠림 현상으로 인해 심각한 사회 문제가 야기되고 있다. 이에 따라 최하위 계층이 상대적으로 매우 빈곤한 생활을 하고 있다. 우리 사회에서 나타나는 병폐 중 하나가 권력과 명예가 일부 계층에 편중되고, 그들끼리만 유사한 직책을 돌아가면서 맡아, 회전문 인사를 하는 편식 현상이 심각하게 나타난다는 것이다. 이런 우리의 사회적인 불평등이 해소되지 않는 한 대한민국의 행복한 미래를 기대하기는 매우 어렵다. 세계적으로도 신자유주의 경제체제가 오래 계속된 미국이나 영국에서는 빈부 격차가 심해져서 결국은 중산층이 점점 줄어들고 있다. 이런 현상은 세계적으로 확산돼 나가고 있어, 앞으로 다가올 우리들의 미래에 검은 그림자마저 드리운다.

우리 시대 최고의 역사철학가로 평가받는 아놀드 토인비는 『역사의 연구』(1992)라는 책에서 로마제국과 칭기스칸이 세운 원나라가 몰락한 원인이 중산층의 몰락 때문이었다고 서술하고 있다. 우리가 보통 선진국이라고 이야기할 때 GNP로 많이 평가하는데, 사실은 윤리적 사회, 보통의 상식을 가진 이들이 가슴 아프지 않은 나라를 선진국이라고 생각하는 것이 좀 더 타당성이 있지 않을까! 어느 사회든 극빈층과 특권층은 존재하기 마련이다. 모든 인간이 사회적으로 평등하다고 말하는 사회주의에서조차도 당 간부와 일반 시민이 똑같은 혜택을 누리지는 못하기 때문이다. 하물며 개인의 능력과 존엄성을 인정하는 자유민주주의 국가에서 극빈층과 특권층이 생기는 것은 당연한 이치이다.

그러나 사회가 혼란해져서 특권층과 빈민층이 서로 대립하면 격렬한 충돌이 생기고, 급기야는 나라의 존립마저 위험해진다. 이 둘의 충돌을 막아서 완충 역할을 해줄 수 있는 사람들이 중산층이라고 할 수 있다. 중산층이야말로 가장 보편적이고 윤리적인, 다시 말해서 그 사회에서 가장 상식적인 집단이라고 할 수 있기 때문이다. 로마제국이 멸망할 당시에는 특권층 귀족과 빈민층 노예 계급밖에 없었다고 한다. 그래서 대 로마제국이 몰락의 길을 걷게 된 것이다.

앞에서도 언급했듯이 우리나라는 신자유주의 경제체제가 본격화된 2000년대 이후 스스로를 중산층이라고 생각하는 사람들의 비율이 점점 줄어 가고 있다고 한다. 물론 통계라는 것은 함정도 있기 때문에 어디까지 신뢰할 수 있는지 조금 의구심이 드는 것도 사실이지만, 이런 현상은 세계적으로도 현저히 나타나고 있다. 미국 국민들이 도널드 트럼프 대통령을 선택한 이유 중 하나가 부의 쏠림 현상, 즉 빈부의 격차가 심해졌기 때문이라고 미국의 정치평론가와 경제학자들은 분석하고 있다.

만일 민주당 대통령 후보로 엄청난 부의 소유자 힐러리 클린턴이 아닌 버니 샌더슨이 되었다면 결과는 어떻게 되었을까? 세계 사람들의 걱정이 좀 줄어들지 않았을까? 결국 미국에서도 중산층이 점점 사라져 가고 있는 신자유주의 경제체제에 대한 반발이 앞으로도 끊임없이 계속될 것이고, 트럼프 대통령은 그런 면을 계속 부추기면서 정치를 해나갈 것이다. 심히 우려스러운 일이다.

세계적으로 신자유주의 경제체제는 빈부의 격차를 심화시키고 중산층을 몰락시켰다. 그리고 그에 따른 여러 가지 폐단을 불러일으켰다. 또한 우리나라에서도 무한 축적을 보장하고 부추기는 불평등한 사회 구조, 물질중심주의적인 가치관으로 보편적이고 윤리적인 중산층이 점점 줄어 가고 있다. 정부는 나라의 백년 대계를 헤아리면서 위험 수위에 오른 빈부의 격차와 양극화가 극단으로 치우쳐 나타나고 있는 계층 간 사회적 갈등을 해결하고, 온 국민이 납득할 만한 제도와 정책을 펴야 한다. 대한민국이 행복한 나라로 가기 위해서는 앞에서 이야기했듯이, 행복을 평등하게 나눠 가질 수 있는 안정되고 평등하며 신뢰받는 사회를 지향해 나아가야 한다.

# 언어가
병든 사회

2017년 6월 21일 방송된 JTBC '뉴스룸'에서는 손석희 앵커가 막말 논란을 일으킨 일부 정치인들을 비판했다. 손 앵커는 러시아 혁명가인 레온 트로츠키의 "더러운 단어와 표현은 일상에서도 제거되어야 한다. 사람의 말 또한 위생을 필요로 한다"는 말을 인용하며 앵커 브리핑을 시작했다. 이어 손 앵커는 2012년 미국 민주당 전당대회 상황을 소개했다.

손 앵커는 당시의 대통령 부인 미셸 오바마, 전임 대통령 빌 클린턴, 대통령 버락 오바마가 연설했던 전당대회를 "그 자체가 말의 잔치! 어디에도 험하고 상스러운 말, 사회를 분열시키는 말은 없었다"고 표현하며, 정치는 말로 하는 것이라고 했다. 그러면서 요 며칠 동안 일부 정치권에서 나온 막말들을 인용하면서 "일반 사람들도 말하기 민망한 수준이다"라고 했다. 이어 "오죽하면 사람들이 그 말들을 모아서 '아무 말 대잔치'라고 했을까? 요즘 유행어인 그 '아무 말'이란 뇌에서 필터링을 거치지 않고 생각 없이 막 내던지는 말들을 의미한다"며, "그러나 차라리 그것이 아무 말이었으면 한다. 사실 나름의 주도면밀한 정치적 계산에 의한 것이라면, 우리의 정치는 또 얼마만큼 가야 할 길이 먼 것인가"라고 쓴소리를 가했다. 마지막으로 손 앵커는 미셸 오바마가 남긴 "그들은 저급하게 가도, 우리는 품위 있게 가자(When they go low, we go high)"란 명언을 통해 막말을 일삼는 일부 정치인들에게 따끔한 일침을 가했다.

언론에 보도되는 정치인의 말을 하나하나 자세히 들여다 보면, 그 의미를 알 수 없는 해괴한 말들이 너무 많다. 예를 들면 "선거에 졌지만 국민이 진 것은 아니다. 선거 결과에 굴하지 않고 국민과 함께 나가겠다." 도대체 여기서 국민은 누구라는 말인가? 정치인의 직업이 국민을 상대하는 것이라지만, 이쯤 되면 국민을 무시해도 너무 무시하는 것은 아닌지.

"돈을 받은 증거가 나오면 목숨을 내놓겠다"는 말에서부터 '공갈'이란 표현을 써서 동료 의원을 협박하는 정치인들의 말은 모두가 국민은 전혀 안중에도 없는 안하무인에서 나오는 말이다. 정치인들이 명심해야 할 것은 우리나라의 국민 수준은 이제 정치인의 선동이나 유언비어에 속아 넘어가는 국민이 아니라는 것이다. 정치인의 말과 행동 하나하나를 냉정하게 지켜보고 평가하는 수준

높은 국민이라는 것을 다시 한 번 명심해야 한다.

5월 15일은 '스승의 날'이라고 많은 사람들이 알고 있지만, 애민 정신을 실현한 세종대왕의 탄신일이라는 것을 아는 사람은 극히 드물다. 국민을 소중히 여기며 사랑했던 세종대왕의 정신을 실현하고, 우리의 자랑스러운 독창적인 문자 한글을 올바르게 사용하는 것이야말로 이 시대의 정치인들이 깊이 명심해야 하는 것은 아닐까?

언제부터인가 우리 사회는 경박한 말과 행동이 넘쳐나고, 말장난과 희화화가 만연하며 재미있고, 보기 좋고, 듣기 좋으면, 그걸로 됐다고 치부해 버리는 경향이 만연해졌다. 허세와 무책임으로 가득한 사회에서 진솔하고 진지한 삶의 정신은 어디론가 사라져 버리고, 가벼움만이 우리 삶을 지배하게 되었다. 아무리 스웨그(swag) 시대라지만, 깊이 사색하기보다는 당장 눈앞의 자극적인 것을 선호하고, 이성적 논리보다는 감성적 이미지로 사물을 판단하는 인스턴트 문화의 사회를 우리는 어떻게 변화시켜 나가야 하는가!

우리의 말 문화에는 공감 능력이 결여된 정제되지 않은 저질스러운 언어가 난무하고 있다. 특히 온라인을 통한 무차별적이고 공격적인 언어폭력은 우리 사회의 심각한 병리 현상이다. 또한 정치가와 공직자의 막말, 필터링 되지 않은 방송에서의 저속어, 청소년들의 마구잡이 식 욕설 등은 도가 지나쳐서 사회의 폐해로까지 나타난다. 이런 현상은 우리의 마음과 사회를 병들게 하고 불필요한 갈등을 불러일으킨다. 그 중에서도 가장 큰 갈등을 조장시키는 것이 끊임없이 터져 나오는 정치인들의 막말이다. 정치인이나 사회 지도층 인사들의 말은 사회적으로 엄청난 영향을 주기 때문에, 특히 그 언행에 있어서 신중하고 책임감 있게 행동해야 한다.

아리스토텔레스는 정치적 삶을 '행위(praxis)와 언어(lexis)'로 규정한다. 그는 정치적 행위는 말을 통해 실행되며, '적절한 순간에 적절한 말을 발견하는 것이 바로 행위'라고 한다. 그래서 정치가의 말은 때와 장소를 가려 해야 하고, 그 적시성과 적절성이 잘 어우러져야 공감을 얻을 수 있다고 한다. 그런데 우리나라 정치인들은 평소 '소통'을 입에 달고 살면서, 정작 일상에서는 거칠고 천박한 막말과 말실수, 망언으로 끊임없이 구설수에 올라 분쟁을 일으킨다.

정치인들은 왜 계속해서 막말을 하는 것일까? 승자만이 살아남는 치열한 생존 경쟁 원리의 정치구조 속에서 소신과 신념, 정의는 던져 버리고, 자신의 존재감을 드러내기 위해서일 것이다. 또한 우리 정치의 고질적인 병폐인 '패거리 정치'의 틀 안에서 지지층을 결속하여 정치적 이익과 목적을 달성하기 위한 계산된 행위일 수도 있다. 막말 정치는 어떠한 이유로도 정당화, 합리화 될 수 없다. 정치인들의 막말은 나라의 정국 경색과 국민들에게 정치적 혐

오감만 줄 뿐이다. 말(言)은 내면의 거울이요 인품을 담는 그릇이라 했다. 언어가 단순한 의사소통뿐만 아니라, 우리의 생각과 철학을 지배하고 세상을 인식하는 가치관이라면, 하찮은 농담이라도 함부로 내뱉어서는 안 된다.

품격 있는 정치를 꿈꾼다면 국민에게 예의를 갖추고 존중과 배려의 말로 책임감과 신뢰감을 주도록 해야 한다. 이렇게 행하면 먹통·불통의 벽은 허물어지고 소통·교감·공감의 시대가 열릴 것이다. 우리 모두가 언어를 소중히 여기고 가꾸어 언어의 품격을 지켜 나간다면, 우리 사회를 좀 더 품위 있는 세상으로 만들어 갈 수 있지 않을까 생각해 본다.

# 한국 정치의
# 민낯

세계경제포럼(WEF)이 발표한 국가 경쟁력 평가에서 한국의 정책결정 과정 투명성은 144개 국가 중 133위에 머물러 있다. 또 정치인에 대한 신뢰도는 97위로, 최하위의 부끄럽고 민망한 수준이다. 우리의 민주화는 진전되었지만, 오늘날의 정치는 오히려 거꾸로 가는 모습이다. 국민의 삶과 직결되는 중요한 정책들은 끊임없이 이슈화되어 가고 있는데, 당리당략에 빠져 있는 정치권은 무엇을 믿고 이렇게 안하무인인가. 국민들은 결코 어리석지 않다. 말없이 지켜보고 있기 때문에 가볍고 우습게 여겨서는 안 된다. 감성적이고 감각적인 시대일수록 정치가 진중하게 무게 중심을 잡아야 한다. 정치권이 중심을 잡지 못하고 흔들리면 국민의 신뢰는 무너질 수밖에 없다. 공자는 민무신불립(民無信不立)이 뜻하는 '국민의 신뢰가 없으면 바로 설 수 없다'고 하며, '정치란 곧 올바름'이란 의미로 신뢰의 중요성을 강조했다. 이 의미를 정치인들은 깊이 되새겨 봐야 할 것이다.

정치가 신뢰가 아닌 거짓말로 타락하는 순간 정치는 더 이상 정치가 아니다. 원칙과 신뢰를 강조했던 대통령이 본연의 직무를 제대로 수행하지 못하고 재벌과 결탁하여 편법과 위법을 자행했다. 결국 민주주의를 파괴한 책임으로 헌정 초유의 탄핵을 당하는 사태까지 맞이하게 된 것이다. 많은 지지자들로부터 전폭적인 지지와 맹목적인 사랑을 받아 온 그 대통령이 국민의 신뢰를 헌신짝 던지듯이 배반하면서 증오와 배신의 아이콘이 되어 버렸다.

우리 국민들이 인식하고 있는 정치는 구태의연한 당명 개정, 당리당략에 의해 되풀이되는 분당·탈당·복당으로 혐오와 불신의 대상이 된 지 오래다. 언제나 좋은 정치·새 정치·다른 정치를 수십 년 동안 소리 높여 외쳐 왔지만, 아직도 낡고 무능한 헌 정치는 여전히 재현되고 있다. 국민들에게 공감을 얻지 못하는, 시대에 뒤떨어진 정치는 아직도 계속되고 있고, 미래지향적으로 희망을 주는 정치는 저만치 달아나고 있다. 정치가들은 국민들을 선거 때 투표나 해주면 되는 단순한 존재 정도로 가볍게 여긴다. 또한 국민들을 정치시장의 단순한 소비자로, 그리고 정치의 구경꾼으로 전락시키면서 정치적으로 소외시키고 주객전도 현상을 일으켰다.

어떻게 하면 우리의 정치가 나아질까? 이타적이고 신뢰할 수 있는 새 정치인이 나오면 정치는 좋아질까? 이런 생각은 긍정적으로 평가할 수도 있겠지만, 우리의 경험으로 보면 지나친 낙관일지 모른다. 자정 능력을 잃어버린 여야 정당들은 선거 때마다 경쟁적으로 정책이나 능력, 도덕성 등의 검증은 소홀히 하면서, 각 분야에서 출세하고 성공한 사람들을 새로운 인재라고 과대 포장해 내놓는다. 하지만 이들은 당선과 동시에 새롭고 참신한 인물에 목마른 국민을 배신하고, 기존의 정치인과 별반 다르지 않게 행동한다. 정당, 새로운 인물, 게다가 일본과 같이 좋은 정치인을 길러낼 수 있는 제도(松下政経塾 등)와 절차도 마련되어 있지 않은 현 상황에서는 까마득한 먼 일일 것이다.

사회적 공익보다는 개인의 이기주의로 무장한 이들이 국민을 기만하여 승자독식이 되는 지금의 잘못된 정치 행태에서 우리가 기대하는 좋은 정치는 보기 힘든 것 같다. 오랜 시간 험난하고 힘든 과정을 통해 이루어 낸 민주주의 선거에서 '그 밥에 그 나물'이라며 푸념하게 될 정치 지도자를 우리가 직접 뽑아야 한다는 것은 너무나도 슬픈 일이다.

그렇다면 도대체 누구에게 정치를 맡겨야 하는가? 존경받는 정치인이란 어떤 사람이어야 하나. 일반적으로 정치인을 평가하는 기준의 하나는 공익과 사익을 구별하는 것이다. 존경받는 정치인들의 공통점은 사익보다 공익을 먼저 우선시한다는 점이다. 우리가 추구하는 이상적인 정치인은 도덕적이고 정직하며 신뢰받을 수 있는 사람으로서, 정의로운 세상을 만들 수 있는 사람이다. 프란치스코 교황의 말처럼 "정치란 공공의 선(善)에 봉사하는 가장 높은 형태의 자선"이기 때문이다.

지금 우리에게 필요한 정치는 지금까지 행해 온 것과는 근본적으로 달라져야 한다. 단순하게 인물과 정권의 교체만으로는 기성 정치권의 구태의연한 모습과 뿌리 깊은 악습을 없애기 어렵다. 가장 중요한 과제는 정치가 지향하고 실현하고자 하는 가치와 틀을 바꾸는 것이다. 이를 위해서는 국민의 적극적인 참여와 힘을 제도화하는 정치의 룰(rule)과 방식을 새롭게 바꿔야 한다. 이런 혁신적인 발상의 전환 없이는 이제까지 우리가 늘 해왔던 대로 선거를 치르고, 또 다시 기존의 구태 정치와 그릇된 정치인을 욕하며, 결국에는 자기 자신들조차 믿지 못하게 될 것이다.

우리의 정치가 처해 있는 암담한 현실은 누구를 탓할 수도 없다. 이 모든 현실은 결국 우리들의 몫이며 우리가 감당해야 할 결과이다. 우리가 추구하는 올바른 정치는 권력이 아니라, 현실적인 삶의 문제를 정책의 중심에 세우고 국민의 의견을 실현하는 것이다. 그렇게 하기 위해서는 좋은 정치와 존경받는 정치인을 국민 한 사람 한 사람이 만든다는 신념으로 우리의 의식과 자세를 바꾸어야 한다.

공자는 사람의 중요성에 대해 "문왕과 무왕의 (훌륭한) 정치는 서책에 넘치도록 기록돼 있다. 그러한 사람이 있으면 그 정치가 일어나게 될 것이고, 그러한 사람이 없다면 그 정치는 스러지게 될 것이다"(『중용』 20장)라고 말한다. 이 구절을 줄여서 인존정거(人存政擧)라 한다. 즉, 공자는 『중용』에서 훌륭한 사람이 있어야 그 정치가 흥하게 된다는 뜻이라고 말하고 있다.

2017년 세계적인 정치 스캔들로 조롱거리가 된 우리나라의 국정농단은 제도 탓으로 생긴 일이 아니다. 주역은 헌법수호 의지도 없고 법치의 뜻조차 이해하지 못하는 대통령이 맡고, 조연은 정부 지원금이나 알량한 관직에 눈이 멀어 버린 대학과 교수들이 맡고, 국회의원·관료·전문가들이 들러리 서서 만들어 낸, 마치 희극적인 한 편의 연극을 보는 것 같았다. 감쪽같이 속아 버린 국민들만 우스운 꼴이 되고 말았다.

그러나 다른 한편으로 박근혜·최순실 게이트는 우리 국민들이 주체적으로 자유와 평등, 그리고 정의 사회가 실현되기를 염원하는 계기를 만들기도 했다. 자기 자신의 이익을 위해 권위주의적 행태와 갑질을 일삼는 사람들, 특히 수구 '꼴통'들로 대변되는 일부 사람들은 권위주의적 정권 이후 자신들의 입지를 더욱 굳히기 위해 세력을 규합했다. 이들은 그들만의 콘크리트 지지층으로 확대 재생산됐으며, 어느 누구도 그런 부패와 권위주의적인 생각을 바로잡지 못했다.

또한 박근혜·최순실 게이트는 우리 사회에 만연돼 있던 부패와 갑질의 편향된 시각을 바로잡아 주는 결정적 계기도 되었다. 왜냐하면 이런 사태가 이 땅 위에 사는 우리 국민들 모두에게 자

유와 평등 그리고 정의가 무르익는 사회를 형성하게 하는 시민의
식의 대변혁의 거센 회오리바람을 일으켰기 때문이다. 감히 그 누
구도 못했던 일을…. 우리에게 이 게이트는 대의 민주주의의 의미
와 중요성을 다시 한 번 마음속 깊이 각인시켜 주었다. 그런 점에
서 고마운 사태이기도 하다.

우리 스스로의 잘못은 인정하지 않고 제도만 탓한다면, 탄핵
정국은 계속해서 되풀이될 수밖에 없다. 대통령 탄핵을 무서워하
지 않는 나라는 대의민주주의 국가가 아니다. 대통령의 권력을 분
산시키고 임기만 줄인다고 해서 절대로 해결될 일이 아니다. '촛불'
이나 '태극기'의 극단적인 대립은 본질적인 문제 해결에 그다지 도
움이 되지 않는다. 앞으로 치러질 선거에서는 법치를 존중하고 헌
법을 수호할 능력과 의지를 가지고 민주주의를 존중하는 대통령
을 뽑아야 한다.

또한 갈등이 없는 민주주의 국가가 존재한다는 것은 현실적
으로 불가능하다. 서로 양보하는 타협, 의견을 조율하는 합의 등,
이런 포용하는 정치로 갈등을 조정해야 한다. 그런데 이는 결코
쉽지 않은 여정이다. 지금 우리 사회의 통합과 화합을 위해 무엇
보다도 절실히 요구되는 것은 보수와 진보를 아우르는 중도와 중
용의 정치이다. 어느 한 쪽으로 치우치거나 기울지 않고 지나치거
나 모자람이 없는 정도(正道)야말로 지금 우리 사회에 가장 필요한
길일 것이다.

플라톤은 『국가』(2005)에서 "정치를 외면한 가장 큰 대가는 자기보다 못한 저질스런 자들에게 지배당하는 일이다"라고 말하고 있다. 플라톤이 말한 '저질스러운 자들'에게 지배당하지 않기 위해서, 다가오는 선거에서 우리 모두가 소중하고 값진 주권을 포기하면 안 될 것이다.

# 우리들의
# 부끄러운 자화상

국민의 염원을 담아 5월 9일 대통령 선거가 실시되었다. 그날 손석희 앵커가 진행하는 JTBC '총선 특집 뉴스룸'에는 배우 윤여정이 출연하여 세월호 참사에 관한 이야기를 했다. 그가 희생자 가족들의 아픔을 공감한다는 대목에선 나 또한 가슴이 뭉클했다.

"제 아들하고 같이 보고 있었는데, 제 아들이 저기 탄 사람들이 누구냐고 그래서, 아마 수학여행 가는 학생들일 거라고 그랬더니, 엄마 걱정하지 마, 뛰어내리면 다 살 수 있어. 젊은 애들이라 어린 애들이라… 그리고 나서 조금 이따가 봤는데, 점점점점 기울기 시작하고 믿지 못할 일이 벌어졌잖아요. 저희 같은 사람, 누구나 다 그렇겠지만, 내 새끼가 거기 타서 내 새끼가 없어졌다면 정말…. 저분들 심정은 누가 대신할 수 없겠죠. 어떤 사람들은 그만하지 뭐, 이런 사람도 있고, 그런데 그건 아닌 거 같아요. 내 새끼가 없어지면 난 그만하게 안 될 거 같아요. 그 뼈라도 보고 싶을 거 같아요. 그게 제가 세월호에 대해 느낀 겁니다."

2014년 4월 16일. 고교생 304명이 안타깝게 사망한 세월호 참사는 우리 사회가 잊지 말아야 할 시대적 소명이다. 세월호 참사를 접하면서 뇌리를 떠나지 않았던 질문이 '국가란 무엇인가?' 라는 것이었다. 300여 명의 어린 학생들이 바다에 수장되고 있는 동안 정부는 도대체 어디서 무엇을 하고 있었나 하는 끊임없는 의문이 꼬리를 물었고, 이런 국가가 과연 존재해야 할 가치가 있는가 하는 생각에 분노가 치밀었다. 유시민의 『국가란 무엇인가』(개정신판 2017년)가 다시 재조명 받고 있는 이유인지도 모르겠다. 이 책의 개정신판 서문에서 그는 100만 개의 촛불 가운데 하나가 되고 싶다는 소망을 품고 눈보라 치는 광장에 섰던 시민들에게 다음과 같은 아리스토텔레스의 말을 들려주고 싶다고 했다.

"훌륭한 국가는 우연과 행운이 아니라 지혜와 윤리적 결단의 산물이다. 국가가 훌륭해지려면 국정에 참여하는 시민이 훌륭해야 한다. 따라서 시민 각자가 어떻게 해야 스스로가 훌륭해질 수 있는지 고민해야 한다."

여기서 다시 '국가란 무엇인가?'라는 생각을 하게 한다. 근대적 국가 성립에 관한 기본 논리에서는 개인은 국가에 절대 권력을 위임하는 대신, 국가는 개인의 자유와 권리를 지켜 주기로 약속하는 사회적 계약을 맺었다고 말하고 있다. 이런 사회적 약속이

나 계약을 헌법으로 정했기 때문에 국가와 국민은 헌법을 준수하고 지켜야 할 의무가 있는 것이다. 이 경우 민주주의가 추구하는 기본 정신의 가치는 국가의 권력을 개인의 사적 이익이 아닌, 공적 가치와 공공 선(善)을 위해 사용해야 한다.

근대 자유주의 철학자 루소(Rousseau)는 "만일 이런 사회적 약속이 지켜지지 않았을 때 국민은 현재의 정부를 다른 정부로 교체하거나 엎어 버릴 수 있다"라고 했다. 이미 2300년 전에 순자(荀子)도 "임금은 배이며, 백성은 물이다. 물은 배를 띄우기도 하지만, 배를 엎어 버리기도 한다"라며 국민이 국가의 주인임을 공언했다.

영국 심리학자 제임스 리즌은 『인재는 이제 그만』(2014)에서 "인적, 기술적, 조직적 요소가 결합하여 야기되는 조직 사고는(총체적인 진상과 원인을) 다 알지 못하고, 어쩌면 끝까지 알 수 없다. 대형 조직 사고마다 경악스러운 것을 새롭게 토해 내기 때문"이라고 말했다. 또한 세월호 참사를 계기로 탄생한 '가만히 있지 않는 강원대 교수 네트워크'라는 단체는 언론 릴레이 기고, 추모 문화제, 학술회, 토론회 활동을 토대로 한 『세월호가 남긴 절망과 희망』(2016)을 발간했다. 이 책에서는 세월호 참사의 실체를 제임스 리즌과 같은 맥락이라고 보면서, "이 참사는 국가 권력이 총체적 부실 덩어리가 되는 과정에서 토해 낸 경악스런 조직 사고였다"고 결론 내렸다. 그리고 "2014년 4월 16일 세월호 참사가 기본적 공공성의 시대 책무를 저버리고 퇴행한 정부와, 생명보다 기업 이윤을 중시한 탐욕스런 대기업이 공범자가 된 탈 공공 국가의 소산이다"라고 지적하면서, "세월호 시대에 국가란 없었다"고 단언했다.

철학자이자 정신분석학자인 백상현 교수는 세월호 참사의 피해자를 수습하고 진리를 규명하는 과정을 개별적 피해 가족에 의한 작은 싸움으로 보지 않았다. 그는 "모든 역사의 시작에서 세월호 유가족들이 손에 들었던 것 같은 작고 위태로웠던 작은 촛불이 있지 않았는가. 모든 진리 여정의 시작에는 그처럼 미약한 촛불의 고독이 있다. 누구에게도 주목받지 못하는 어둠속에서 흐느끼듯 흔들리는 촛불의 이미지는 진리가 시작되는 장소의 형상"이라고 말했다.

시인인 전남대 서용좌 교수는 "'우리가 죽인 300여 희생자들에게'(고경일) 바친 사진 한 장, 동생의 무사귀환을 위해 놓아 둔 팽목항의 운동화 한 짝, 그 사진을 슬쩍 본 기억은 영원하리라. 신나게 수학여행을 떠나서 돌아올 줄 모르는 자식을 어찌 잊으며, 더러는 세상에서 가장 슬픈 항구 팽목항에서 보낸 3년의 연옥을 어찌 잊으라 하겠는가. 아침에 눈을 떠도 마음의 달력은 영원히 그날 2014년 4월 16일에 갇혀 있을 그들의 삶을 그들 아닌 우리가 이해한다는 말은 감히 하지 말자. (중략) 너희들의 넋은 이 땅에서 영원하리라. 어른들의 나태와 무능과 나아가서 오만까지를 해맑은 가슴으로 끌어안고, 세상의 온갖 나약함과 비겁함을 어루만지며, 더는 그러한 비극이 없을 것이라고 위로하면서, 너희는 아마

늘 헤매는 우리의 나침판이 되려는지 모르겠다"라고 절규했다. 우리의 가슴을 짓누르는 통증이 밀려온다.

우리가 함께 살아가는 공동체의 삶에는 잊어도 괜찮은 일, 잊어야 할 일도 있지만, 결코 잊어서는 안 되는, 꼭 기억해야 할 일도 있다. 우리 모두가 이 땅에 발붙이고 생명의 존엄과 안전의 권리를 누리면서 인간답게 살고자 한다면, 세월호 참사는 잊지 말아야 할, 결코 비켜갈 수 없는 시대적 소명이다.

이런 대형 재난 사고를 방지하려면 근본적으로 인명을 최우선으로 생각하는 국가가 존재해야 하고, 피해자와 시민 중심의 국가 재난 시스템을 도입해야 하며, 기업 책임과 국가 책임을 엄격하게 물을 수 있는 강력한 법적 장치를 마련해야 한다. 참사 3년, 유족 대부분은 진상규명과 안전사회 건설을 지향하는 활동을 하고 있다. 여기에 시민단체는 물론 교수 등 학계도 나서고 있다. 이제 우리도 함께해야 할 때다.

## 가습기 살균제 참사

　세월호 참사, 가습기 살균제 참사는 소중한 우리 아이들을 희생시킨 최악의 인재(人災)이다. 도저히 대한민국에서 일어났다고 믿기 어려운 사건으로, 판매가 되어서는 안 되는 제품이 정부의 승인하에 전 세계에서 유일하게 한국에서만 판매되었다. 소명감이 있는 일부 의사들이 자발적으로 원인을 파악하여 인간에게 해롭다는 결과를 정부에 이의제기했지만, 국가는 몇 년 동안이나 이를 묵살했다. 환경시민센터 보고에 의하면, 수백 명의 사람들이 죽고(239명), 수천 명의 사람들이 아직까지도 장애(1289명)를 안고 고통스럽게 살아가고 있다고 한다.

　가습기 살균제 참사가 우리 사회에서 공론화되기 전, 나도 연구실에서 살균제를 써본 경험이 있다. 사용한 첫 날에는 이상한 점을 그다지 느끼지 못했다. 그런데 둘째 날에는 가슴이 답답해지면서 통증이 느껴져, 찜찜하고 불안한 마음에 그 이후로는 한 번도 사용하지 않았다. 그러고 나서 6개월쯤 뒤에 가습기 살균제에 큰 문제가 있어 많은 피해자들이 발생했다는 뉴스를 접하게 되었다. 만약 그때 살균제를 계속 썼다면 지금 나는 어떻게 됐을까? 이 글을 쓰는 것이 가능했을까? 상상만 해도 끔찍하고 소름이 돋는다. 아마도 나와 같은 경험을 한 사람도 많이 있을 것이다. 가습기 살균제 참사 피해자 중 유독 어린아이들이 많았던 것은 자기의 의사표현을 제대로 하지 못하는 데다 저항력도 약해서였을 것이다.

이번 가습기 살균 참사의 경우 산업부가 살인제품을 '세정제'로 허가해 주고, 일부 제품에 KC 마크를 붙여 주는 과정에서 적지 않은 수의 교수들이 심의·평가 위원으로 참여했다. 교수의 전문성과 독창성은 사회의 소중한 자산이기 때문에 전문가 자격으로서의 사회참여는 긍정적인 면도 많이 있다. 그러나 이 참사에서는 전문가들이 제품에 세정이나 세척 성분이 전혀 들어 있지 않다는 것을 알면서도, 이를 지적하지 않고 KC 마크를 붙여 주었다고 한다. 또한 그들은 상식을 완전히 벗어난 살인적인 사용법도 걸러내지 못했고, 최소한의 독성 자료도 챙겨 보지 않았다.

가습기 살균제 문제가 사회 공론화되자 2011년 질병관리본부는 교수들로 구성된 자문위원회의 검토를 거쳐 PHMG(옥시싹싹)와 PGH(세퓨)가 폐 손상을 일으킬 수 있다는 것을 알아냈다. 그런데 서강대학교 화학과 이덕환 교수는, 어설픈 동물실험만을 근거로 하여 폐 손상 범위가 폐 섬유화에만 한정된다고 한 판단과 CMIT/MIT(가습기 메이트)가 폐 손상의 원인 물질이 아니라는 판단은 피해자의 존재 자체를 무시한 엉터리 결론이라고 지적하고 있다. 또한 이 교수는 전문가들이 피해 증상의 범위와 제품의 위해성을 동물실험을 통해 과학적으로 확인해야 한다는 주장에 대해, 동물실험은 인간에게 발생한 질병의 원인을 파악하는 과학적 진단 수단이 될 수 없다고 하면서, 피해의 원인은 피해자에 대한 정밀 의료 기록을 통해서 파악하도록 해야 한다고 지적했다. 그리고 정말 우리에게 필요한 것은 이미 확인된 살생 물질의 위해성이 아니라, '합리적이고 안전한 사용법'일 것이다.

이제라도 전문가들은 생명과 직결되는 사안에 책임감과 사명감을 가져야 하고, 관료들은 교수들을 들러리로 세우는 잘못된 행태를 바로잡고, 정부는 시간이 걸리더라도 졸속행정이 아닌, 철저한 피해자 실태조사와 피해 규명을 위해 혼신의 노력을 해야 할 것이다.

# 노벨 과학상,
# 수상으로 가는 길은?

우리나라 과학계에게 10월은 잔인한 달이다. 해마다 이때가 되면 소수의 한국인이 과학 분야 노벨상 유력 후보로 거론되고 있다는 기사가 언론에 흘러나오고, 국민들의 기대도 한껏 부풀어 오른다. 그러나 우리의 기대와 염원은 허무하게 좌절되고 실망만 되풀이된다. 이웃 일본에서는 지금까지 노벨 과학상 수상자를 무려 13명이나 배출하여 잔뜩 기가 죽어 있는 마당에, 2015년 중국의 투유유 교수가 최초로 노벨 생리의학상을 수상하면서 우리에게 깊은 절망감과 상실감마저 안겨주었다.

투유유(屠呦呦) 중국중의과학원 교수는 학위도 없고 해외유학 경력도 없으며, 원사(院士, 이공계 최고 권위자에게 주는 명예 호칭)도 아닌 '3무(無)' 과학자였다. 그는 개똥쑥에서 말라리아 치료제 아르테미시닌을 처음 발견한 업적으로 2015년 노벨생리의학상을 받았다.

투 교수는 수상소감에서 "이번 수상은 중의학이 세계 인민에게 주는 선물"이라고 밝혔다. 중국은 자국 국적의 첫 노벨 과학상 수상자 탄생에 환호했고, 《신화통신》은 "이 약 덕분에 100만 명 이상이 목숨을 구했을 것"이라고 자랑했다.

올해도 10월이 되니 어김없이 2017년 노벨상 수상자 발표가 나오고 있다. 노벨 물리학상, 노벨 화학상 수상자가 연이어 발표되고, 어제는 일본계 영국인 작가 가즈오 이시구로(石黑一雄)가 노벨 문학상 수상자로 발표되었다. 우리나라 과학계는 정부가 노벨상 배출에 필요하다는 기초과학연구원(IBS)을 만들어 주고, GDP 대비 세계 최고 수준의 연구 개발비를 투자하고 있는데, 왜 우리는 노벨상을 받지 못하느냐는 국민들의 매서운 눈총을 받고 있다.

우리나라에서는 김대중 전 대통령이 남북관계를 개선시킨 공로로 2000년에 노벨 평화상을 받는 첫 수상자가 되었다. 김 대통령의 수상으로 한국인 노벨상 수상에 대한 오래된 염원은 풀렸지만, 이제 국민들의 관심의 초점은 과학 분야 노벨상으로 옮겨졌다. 노벨 과학상에 대한 우리 사회의 관심을 탓할 수만은 없다. 늦었지만 이제라도 노벨상의 의미부터 분명하게 이해하는 진정한 노력을 시작해야 한다. 노벨상은 인류 공동의 지적 자산인 과학 지식의 증진에 기여한 과학자에게 주어지는 명예로운 상이다. 인류 문명의 발전에 공헌하기보다 우리 자신의 발전과 번영에만 매달려 이기주의적 생각을 우선시해 온 한국 과학계에서 노벨상 수상은 요원할 수밖에 없다.

　이제라도 우리의 이익만을 추구하는 연구개발에 대한 생각부터 버려야 우리나라가 노벨상에 가까이 다가갈 수 있을 것이다. 그러기 위해서는 우선 기초과학에 대한 우리의 인식부터 바꿔야 한다. 기초과학을 불필요한 낭비로 여기고 응용과학에만 치중하여 투자하는 사회에서 노벨상은 환상일 뿐이다. 기초과학에 대한 집중적인 투자는 세계 10위권의 경제력을 갖춘 우리나라에게 국제사회가 요구하는 무거운 국가적 책무라는 사실도 분명히 인식해야 한다.

　또한 정부 주도의 관료주의적 연구개발 정책에 대한 발상의 전환도 필요한 시점이다. 지금과 같은 시스템에서는 기초과학을 육성하기 힘들다. 우리 과학계의 가장 큰 폐단은 관료주의로서, 소신 없이 여기저기 휘둘리는 무능한 정치인이나 경직되어 있는 관료들에게 창의적인 연구개발 정책을 맡겨 둘 수 없다. 현재와 같은 관료주의의 하향식 연구개발이 창의적인 기초연구의 발목을 잡고 있기 때문이다. 또 하나의 폐단인 성과주의에서는 유명 저널에 논물을 게재하려는 집착과 내실보다는 보여주기 식 성과로 나타나고 있다.

　이스라엘의 전 총리 에후드 올베르트는 "이스라엘의 성공이 정부의 잘된 정책에 의존했기 때문이라고 오해하지 않기를 바랍니다. 우리는 그들에게 전혀 간섭하지 않았습니다. 그 점이 우리나라의 국가 경영에 있어서 가장 잘한 일이라고 생각합니다. 국민들의 성공을 이루어 낸 주연들이 되도록 항상 그들의 이야기를 귀담아 듣고 격려했을 뿐입니다"라고 말했다.

연세대 류왕식 교수는 "경제규모 대비(국가예산 대비) 세계적으로 R&D에 가장 많이 투자하는 국가인 한국은 아직 수상자가 없을 뿐 아니라, 향후 10~20년에도 기대하기 어렵다는 것이 중론"이라면서, "기초과학 경시, 응용과학 집중투자, 하향식 과제 기획 등이 문제점으로 꼽히는데, 모두 일리가 있는 의견"이라고 말했다. 류 교수는 "우리나라처럼 '노벨상'이란 꼬리가 붙는 연구 사업이 많은 나라도 없을 것"이라며, "이것이 바로 공무원 주도의 일회성 성과주의, 단기성과를 기대하는 조급증의 결과다"라고 지적했다. 예컨대 알파고가 세계적인 이슈로 주목받게 되자, 우리 정부는 1주일 만에 제4차 산업혁명에 바로 1조 원을 투자하겠다고 서둘러 발표했다. 엄청난 공적 자금을 투입하는 데 필요한 신중하고 다각적인 검토도 거치지 않고 경망스럽게 결정하는 모습이 심히 우려스러웠다.

일본의 오스미 요시노리(大隅良則) 교수는, 일본 정부가 '자가 포식(auutophage)'의 가치를 정확하게 파악하고, 30년 동안 연구비를 지원해 준 연구 과제에 대한 평가 능력이 있었기 때문에 노벨 생리의학상 수상(2016)이 가능했다고 했다. 우리나라와 같이 행정감사를 평계로 평가의 객관성만 강조하는 계량적이고 획일화된 평가제도에서는 학술적으로 그다지 가치가 없는 엉터리 논문이 더 큰 힘을 발휘한다. 제대로 된 '평가 문화'를 정착시키지 못하면, 노벨 과학상은 영원히 꿈으로 남게 될 것이다.

　노벨상에 관한 분석 자료에 의하면, 1990년부터 2015년 사이 물리·화학·생리의학 등 과학 분야 노벨상 수상자 182명의 평균 연령은 64세이며, 시상을 받게 된 연구 결과의 최초 발표 시기가 39세였다. 수상자들이 초기 연구를 시작해서 20년 이상의 끈질긴 보완과 검증을 한 연구 끝에 수상할 수 있었다. 수상자 중에는 연구 결과에 대해 이해를 받지 못해서 학술지 게재를 거절당한 경우도 있었다고 한다. 새로운 연구를 시작해서 그 긴 세월 동안 연구자가 겪었을 조바심, 회의감, 절망감은 감히 짐작이 가고도 남는다.

　노벨 과학상 수상자를 배출한 대부분의 나라에서는 정부나 연구기관이 미래의 연구 결과가 불투명한 연구자에게도 절대적인 믿음을 갖고 연구를 계속할 수 있는 여건과 생계비를 보장해 주고 있다. 아마도 한국에서는 노벨상 수상 가능성이 높은 최고의 과학자들이 있어도, 악명 높은 단기 성과주의와 정량 평가제로 연구직에 자리도 잡지 못하거나 중도에 해고당할 가능성이 높았을 것이다.

　최근에는 모든 영역에서 단기 성과주의와 정량 평가제의 폐해성과 개선의 필요성에 대한 국가적 공감대가 이루어지고 있어

서 그나마 다행이다. 이런 혁신의 하나로 류왕식 교수는 "대형 국
책사업을 축소하고, 최근 과학계에서 화두가 되고 있는 연구자 주
도의 '중견 과학자 연구지원 사업'을 대폭 확대해, 평생 한 우물을
파는 외골수가 많이 나오도록 정책 방향을 수정하는 것이 시급하
다"고 제안했다. 정부나 연구기관의 인식의 변화가 과학계에 새바
람을 불러 일으켜 창의적이고 혁신적인 연구로 이어져, 우리의 간
절한 염원을 좋은 결과로 담아냈으면 하는 바람이다.

　　우리가 노벨상을 받을 수 있을까!

　　세계적인 물리학 기초과학 프로젝트인 CDF 실험(The Collider
Detector at Fermilab)은 미국 페르미 국립 가속기 연구소(Fermi Nation-
al Accelerator Laboratory: Fermilab)의 양자반양자(陽子反陽子) 충돌형 가
속기 데바트론에서 1980년대 후반부터 30여 년간 행해진 고 에네
르기 소립자 실험이다. 이 연구는 세계 14개국(미국, 독일, 프랑스, 스위
스, 일본 등. 한국은 늦게 참가했음)의 60여 개 대학과 연구기관에서 470
여 명의 연구자, 기술자, 대학원생이 참가한 세계적인 규모의 연구
프로젝트이다.

　　츠크바대학 물리학과 김신홍 교수(나의 배우자로 2000년 대한민국
학술원 물리학 부문 수상)는 일본에서 태어난 재일교포로서 국적은 한
국이다. 그는 이 CDF 실험에서 실험이 진행되고 있는 중간에 일
본 대표 후보자로 추천되었다. 일본에서는 이 기초과학 실험에
미국과 함께 가장 많은 재정지원을 하고 있었고, 일본 전국 대학

의 교수, 연구소의 연구자들이 50여 명 정도 참가하고 있었다. 이런 상황에서 한국 국적인 그가 일본 대표로 추천되어 투표한다고 했을 때, 나는 대표로 뽑히긴 힘들 거라고 생각했다. 더구나 우편으로 실시되는 투표에서 한 명이라도 반대가 나오면 안 된다는 규칙이 있다는 이야기를 듣고는 더욱 불가능할 거라고 우리는 생각했다.

그런데 투표결과 소식을 듣고 나는 내 귀를 의심했다. 한국 국적인 그가 CDF 실험 일본 대표로 선출되었다는 놀라운 소식을 접했다. 다른 한편으로는 일본이라는 나라가 참 무서운 나라라는 생각이 들면서 소름이 돋았다. 과연 우리나라에서 이런 세계적인 실험에서 막대한 재원을 지원하면서 한국에서 태어난 일본인을 한국 대표로 뽑을 수 있을까? 내가 아는 우리나라는 아마 힘들 것이다. 왜냐하면 이 CDF 실험이 높은 평가를 받으면 노벨상으로도 연결될 수 있기 때문이다. 만약 상을 받게 된다면 주요국 대표들만이 노벨 물리학상의 수상 대상이 되기 때문에, 누가 대표로 선출되는가는 단순하게 생각할 수 없는 사안이었다.

2008년 노벨 물리학상에 일본의 난부 요이치로(南部陽一郎), 마스카와 도시히데(益川敏英), 고바야시 마코토(小林誠)가 수상했다. 46년 만에 이룬 결과였다. 1972년 나고야대학에서는 마스카와 교수와 고바야시 교수가 그들의 연구 주제인 '대칭성 깨짐'을 증명하기 위해 여러 방법으로 다양하게 조합하며 시도했다. 하지만 4개의 쿼크로는 대칭성 깨짐 이론을 증명할 수 없었다. 거듭된 실패에 연구를 포기해야 하지 않을까 하는 심정으로 마스카와 교수가 목욕을 하고 있을 때, 쿼크를 4개가 아닌 6개로 하면 어떻게 될까 하는 생각이 문득 떠올랐다. 쿼크의 수를 변경해 보라는 난부 교수의 예언이 엄청난 결과를 만들어 내는 순간이었다. 이튿날 마스카와 교수와 고바야시 교수는 이 내용을 일본어와 영어로 옮겨 발표했다. 두 사람이 생각해 낸 6개의 쿼크가 얼마 후 미국과 유럽의 연구소에서 연이어 발견되었다. 그리고 일본에서도 연구자들이 츠크바에 있는 국립 고에너지연구소의 가속기를 이용한 실험을 통해, 마스카와 교수와 고바야시 교수가 만들어 낸 이론이 일본산 이론임을 증명하고자 노력했다. 마침내 일본 연구자들은 두 사람이 주장하는 자발적인 대칭성 깨짐의 증거를 발견했다.

노벨 물리학상 수상자가 발표된 후 일본 언론에서 가장 먼저 취재한 사람은 마스카와 교수였다. 그는 수상 후 기자회견에서 "기쁘십니까? 수상 소감을 부탁드립니다."라는 기자의 질문에 의외의 대답으로 여론의 관심을 끌었다. "저는 오랫동안 난부 선생님을 우러러보았습니다. 노벨상 그 자체보다도 신과 같은 난부 선생님과 함께 수상한다는 것이 꿈만 같습니다." 명예로운 노벨상 수상보다 사제 간의 끈끈한 유대감과 스승에 대한 존경을 담은, 그의 연구자로서의 인간적인 순수한 모습은 보는 이로 하여금 잔잔한 감동과 함께 신선한 충격을 주었다.

JTBC '차이나는 클라스'는 내가 즐겨 보는 방송이다. 여기에 출연한 카이스트 정재승 교수는 평상시에도 꾸준히 성실하게 연습하고 노력하는 사람이 창의적인 사람이 될 수 있다고 말했다. 예를 들어 베토벤, 칸트, 괴테, 모차르트 등 천재들의 창의성도 99%의 노력과 1%의 재능으로 태어났다는 것이다.

일본의 원자물리학자 니시나 요시오(仁科芳雄)는 물리학 연구에 선구적인 역할을 했고, 많은 노벨 물리학상을 받은 제자를 키웠다. 그의 공헌을 기리기 위해 물리학 분야에 크게 기여한 학자에게는 매년 니시나 상(仁科賞)을 수여한다. 그에게는 제자로 유가와 히데키(湯川秀樹), 아사나가 신이치로우(朝永慎一郎)라는, 일본인으로서는 최초 및 두 번째로 노벨 물리학상을 받은 두 사람이 있었다.

만일 제2차 세계대전이 한달 정도 늦게 끝났다면, 그의 뛰어난 연구로 인해 일본에서도 원폭을 만들 수 있었을 것이라고 평가받고 있다. 미국군은 일본을 점령하자마자 바로 니시나가 연구한 원자 시설을 파괴하고, 입자 가속장치(粒子加速裝置)를 동경 만에 빠트렸다고 한다. 미국에서는 이 성과를 전시 군함을 침몰시킨 것보다 더 큰 성과였다고 평가하고 있다.

니시나는 자신의 경험을 바탕으로 제자들에게 어떻게 공부해야 하는가에 대해 다음과 같은 편지를 보냈다고 한다. "다음날 배울 예습을 그 전날에 하고, 교실에서는 수업 내용을 주의해서 들고(가능하면 교실에서 바로 이해하도록 하고), 집에 돌아오면 반드시 복습하도록 한다. 이 세 가지를 실행하면 스스로 이해할 수 있게 된다. 그리고 일주일 후에는 전 과목에 대해 반드시 개괄적으로 복습을 해야 한다. 복습은 토요일 밤이나 일요일 아침에 하는 것이 효과적이다."

"학교 이외의 참고서도 읽어야 한다. 우리들이 학교에서 배우는 것은 교과서를 읽고 이해할 수 있는 기본적인 것으로, 참고서를 읽고 스스로 공부할 수 있는 힘을 길러야 한다. 여기서 말하는 참고서라는 것은 학술적인 것뿐만이 아니라, 인간의 수양이 될 수 있는 책을 말하는 것이다. 학교 공부에 쫓겨서 인문서적이나 위인전 등의 참고서적을 읽는 데 게을리 하면, 학교 성적은 좋을지 몰라도 사회에 나가서는 그다지 도움이 되지 않는다."

이런 스승의 가르침을 철저히 이행한 아사나가는 시험 본 다음날 영화를 보러 가자고 찾아온 친구에게 시험을 본 뒤에는 전 과목의 기억이 남아 있어 총 복습을 해야 하기 때문에 거절했다는 유명한 일화가 남아 있다.

한국의 인공 홍채 개발에 성공한 인신두 교수는 1980년대 일본을 방문했을 때, 한 연구자가 30년 전에 발견한 물질에 대해 지금까지도 계속해서 연구 지원을 받고 있다는 사실을 알고 충격 받았다고 한다. 작은 규모라도 연구 지원이 수십 년 이어지며 그 결실을 계속 맺게 하는 일본의 기초학문 지원 체계를 보면서, 그는

"정부가 경제성장, 신사업 R&D, 노벨상을 목적으로 한 분야에 과도하게 투자해 온 것이 지금까지 우리의 모습이었습니다. 교육 한 세대를 키우려면 30년이 걸리는데, 장기적인 시각이 필요해요"라고 덧붙였다.

인 교수는 연구비가 많이 지원되는 곳으로 본인의 전공 분야와 상관없이 지원자가 몰리는 쏠림 현상에 대해 우려스러움을 나타냈다. 실제로 액정 물리학 분야에서는 1992년 처음 시작될 때 불과 10여 명이던 연구자가, 연구비가 대거 투입된다는 사실이 알려지자 1~2년 사이에 100여 명으로 늘어났다. 그런데 이 프로젝트가 끝나자마자 각자 흩어져 버렸다. 이 같은 현상은 기초과학 연구 분야에서는 흔히 볼 수 있는 행태이다. 그렇기 때문에 무엇보다도 안정적이고 장기적인 지원을 하는 제도가 필요하다고 그는 말했다.

아인슈타인(노벨 물리학상 수상)과 낙제생이던 에디슨은 고전을 필사적으로 독서함으로써 20세기 최고의 과학자 반열에 올랐다. 앞에서도 서술했지만, 일본의 물리학자 니시나도 제자들에게 인문서적이나 위인전 등의 독서를 권장했다. 그러나 우리나라 연구자들은 주로 자신의 연구 분야에 관련해서 편중된 서적을 접하는 경향이 많고, 다른 분야에는 그다지 관심이 없는 것 같다. 폭넓은 분야에 대한 다양한 시각과 관심을 가져야 자신만의 확고한 철학을 확립하고 독창적인 연구도 할 수 있다.

또한 한국의 과학자들은 쉼 없이 연구에 매진하는 자세를 미덕으로 여겨 높이 평가하는 경향이 있다. 그런데 휴식 없는 연구는 쉽게 지치고 자존감마저 상실하게 만든다. 연구는 자신과의 끝없는 줄다리기다. 지나치게 혹사시키면 결국에는 줄이 끊어지고 만다. 가끔은 재충전도 하면서 자기 계발을 위한 시간도 할애할 여유로움을 즐길 줄도 알아야 한다. 노벨 과학상을 받은 많은 연구자들은 창조적이고 다양한 경험의 소유자들이 많다. 과학자들의 창조성은 타 분야와의 융·복합 연구로 이루어지기 때문에, 보다 폭넓고 독창적이고 새로운 연구를 창출할 수 있는 것이다.

대한민국 연구자들은 근면함과 우수한 두뇌를 갖고 있기 때문에 세계 인류에 공헌하고 이바지할 수 있는 뛰어난 인물이 될 수 있다고 생각한다. 연구에 대한 걱정 없는 사회적 환경이 만들어져 이공계 분야에 유능한 인적 자원이 풍부해지고, 연구자의 폭넓은 경험과 철학적 개념이 완성될 수 있도록 노력해 나갈 때, 많은 과학자들이 노벨상을 받을 수 있는 날이 도래할 것이다.

# 오바마의
# 히로시마 연설

 

2016년 5월 27일 버락 후세인 오바마 미국 대통령은 원폭 피해지인 히로시마를 방문했다. 그는 체코 프라하 연설(2009년 4월)에서 "(미국이) 유일한 핵무기 사용국인 핵보유국으로서 행동할 도의적 책임이 있다(저자 역)"라고 언급했다. 미국 최고 지도자 오바마 대통령은 유일한 전쟁 핵 피해국의 아베 신조(安倍晋三)수상과 함께 인류 최초의 원폭 피해지 히로시마 평화공원에서 원폭 위령비에 헌화하고 모든 원폭 희생자를 추도 위령했다. 이런 미국 대통령의 행동은 핵보유국을 포함해서 전례가 없는 역사적이고 획기적인 일이었다.

히로시마 평화공원이 72년 전에 원폭으로 파괴된 집들의 기와조각 위에 70센티미터의 흙으로 덮어서 만들어졌다는 사실은 원폭 피해자나 극히 소수의 연장자인 히로시마 시민밖에 모른다.

70센티미터를 파 내려가면, 당시 주민들이 사용했던 가구나 식기, 심지어 시체의 뼈까지 나온다고 한다. 원폭 피해자였던 관광 안내원은 관광객에게 "여러분들은 지금 72년 전 당시의 히로시마 번화가 위에 서 있는 것입니다. 당시 사람들을 생각해 보면서 이 땅 밑에 묻혀 있는 원폭 피해자의 영혼을 기리며 우리가 이 자리에 서 있는 의미를 되새겼으면 하는 바람입니다"라고 힘주어 말했다.

전에 《뉴욕 타임즈》 기자가 이 공원에 와서 "여기가 이렇게 넓은 공원이었기 때문에 피해가 많지 않게 끝나서 다행이네요"라는 말을 했고, 그 말을 들은 원폭 피해자는 기가 막혀서 말이 안 나왔다는 실화도 있다. 인류 최초의 비극도 세월이 흐르면 모든 것을 망각하게 되는 비정한 현실인 것이다.

역사적인 오바마 히로시마(広島) 방문은 물론 오바마 자신에 의한 결단이었다. 오바마는 취임 후 얼마 되지 않아 2009년 4월 프라하 연설에서 '핵 없는 세상'을 호소하고, 그 뒤 2013년 6월 동서 냉전 구조의 상징이었던 베를린 브란덴베르크 문 앞에서의 연설에서 전략 핵탄두의 3분의 1 삭감을 제창해 실현했다. '핵' 3부작의 마무리는 임기를 얼마 남겨 놓지 않은 2016년 5월의 원폭 피해지인 히로시마에서의 연설이었다.

오바마 대통령의 17분간의 문명론적 히로시마 연설은 후세까지 오래오래 기억되어야 할 역사적인 공헌으로 평가받고 있다. 그리고 일본인 피폭자인 모리시게 아키라(森重昭) 씨와의 포옹은 전 세계 사람들에게 깊은 감동을 주었다. 그의 연설에 대해 격조는 높지만 시적이고 추상적이어서 핵 폐기의 구체적인 길이 나타나 있지 않다고 비판하는 시각도 있지만, 그것은 그가 철학자도 시인도 아닌 미국 현직 대통령이기 때문이었을 것이다.

오바마는 히로시마 연설에서 "우리는 왜 히로시마를 방문한 것일까요? 그렇게 오래되지 않은 과거에 일어났던 무서운 힘에 대해서 차분하게 생각해 보기 위해서입니다. 10만 명이 넘는 일본인 남녀와 어린이들, 수천 명의 한반도 출신 사람들, 12명의 미국인 포로 등, 돌아가신 분들을 추도하기 위해서입니다. 이렇게 희생된 분들은 우리들에게 말하고 있습니다. 그들은 우리들에게 반성을 요구하고, 우리들은 누구인가, 그리고 우리들은 앞으로 어떤 사람이 될 것인가에 대해서 생각하도록 재촉하고 있습니다(필자 역)"라고 했다. 또 "이 땅에서 세계는 영원히 변합니다. 그러나 오늘 이 동네에 사는 아이들은 평화 속에서 하루를 보냅니다. 얼마나 아름다운 일입니까. 이것은 지켜야 할 가치가 있는 것이고, 모든 어린이에게 부여할 가치가 있는 것입니다. 이런 미래를 우리들은 선택할 수가 있습니다. 그리고 그 미래에 있어서 히로시마와 나가사끼(長崎)는 핵전쟁의 시작이 아니라, 우리들 자신이 윤리적으로 자각을 시작하게 된다는 것을 알려준 곳입니다(저자 역)"라는 말로 연설의 끝을 맺었다.

## 탈핵으로 가는 길

2011년 3월 11일 일본에서 '동 일본 재해'가 일어났다. 이 재해는 17년 전에 일어난 고베 대지진과 비교해서 피해 지역, 피해 규모, 사망자와 행방불명자 수가 비교도 되지 않는 어마어마한 피해였다. 게다가 원전(핵발전소) 사고까지 겹치면서 피해 규모는 상상을 초월했다.

환경공학자이자 탈핵 운동가인 김해창 교수는 『탈핵으로 가는 길 Q&A: 고리 1호기 폐쇄가 시작이다』(2015)에서 "후쿠시마 원전사고 정부조사위원장을 맡았던 하타무라 요타로(畑村洋太郎) 도쿄대 명예교수는 이 사고에서 짚어 볼 점의 하나로 인간 능력에 대한 과신을 꼽았다. 일본의 기술력에 대한 맹신에 기초한 도쿄전력의 안전신화가 불의의 재해로 인한 장시간 전원 상실의 가능성을 무시했다는 것이다"라고 말했다. 하타무라 교수가 지적한 대로 동 일본 도쿄전력의 안전신화의 불감증이 초래한 부분이 컸다고 일본 언론에서도 문제로 삼았다. 게다가 동 일본 도쿄전력 사장은 몸이 아파서 병원에 입원했다면서 공적으로 사과를 하지 않는 교만한 행동으로 언론과 국민들의 질타를 받았다.

미국의 소설가 겸 저널리스트 존 허시의 저작 『1945 히로시마』(2015)는 반 핵 평화 운동가들에게는 고전으로 꼽힌다. 1946년 8월 말 《뉴요커》에 개제한 기사를 바탕으로 한 이 책은 히로시마에 원폭이 투하된 후 생지옥에서 살아남은 6인의 이야기를 담고 있다. 이들은 유명인사가 아닌, 지극히 평범한 사람들이다. 공장에서 일하던 여성 노동자, 목사, 독일인 신부, 홀로 아이를 키우는 미망인, 그리고 의사들이다.

이 책에서 일어난 여러 가지 일들을 보면, 일본의 히로시마 원폭투하에서 살아남을 수 있었던 것은 국가의 방재 시스템이 아니라, 개인의 '여러 번의 소소한 우연과 결단'이었다고 한다. 사상 초유의 재난에 직면했을 때 국가의 기본적인 시스템마저 작동하지 않았고, 황망한 대처 능력만을 보인 정부와 관련기관…. 어디서 많이 본 듯한 익숙한 광경이다.

우리나라 원전 시대의 역사적인 한 페이지를 열었던 부산의 고리원전 1호기가 2015년 6월 12일 40년 만에 영구 폐쇄 결정이 내려졌다. 이 결정은 우리나라가 탈핵 사회로 가기 위해 내디딘 첫 발이고, 부산 시민사회가 이뤄낸 성과이기도 하다. 그러나 향후 원전 폐로 과정에서 갖가지 많은 문제점이 야기될 것은 자명한 일이다. 현재 수명을 다해 가는 노후한 핵발전소들이나 신규 건설 계획으로 예정되어 있는 핵발전소 등 미래의 전망이 불투명한 것도 사실이다. 부산 고리원전 1호기 폐쇄를 넘어서 탈핵으로 가는 길은 멀고도 먼 험난한 길이다.

김해창 교수(2015)는 여러 사례를 예로 들면서, 핵발전소(원전)가 자연재해나 테러 등에 약하고, 방사능 오염이 어린이나 여성에게 훨씬 피해가 크다는 점, 그리고 핵발전소의 건설, 유지비용이 결코 싸지 않다는 점을 명확한 근거에 의해 설명하고 있다. 또한 부산 고리원전 1호기에서 잦은 사고가 발생하는 이유, 체르노빌과 후쿠시마 원전 사고가 어떻게 일어나게 되었는지, 원전 사고가 일어나면 어떻게 대처해야 하는지, 실질적인 방호방재 대책은 어떻게 세워야 하는지 등에 대한 다양한 원인 분석과 해법을 제시하고 있다.

탈핵으로 가는 길은 참으로 힘들고 멀다. 이 길에는 다양한 대안 에너지를 강구해야 하는 과학적이고 공학적인 문제가 산재해 있기 때문이다. 그러나 탈핵은 우리가 추구해야 할 풀뿌리 민주주의에 있어 시민의 권리이자, 보다 근본적으로는 인간답게 살아갈 권리이다. 탈핵 운동은 삶의 권리를 수호하는 것이다. 그렇기 때문에 에너지 정책을 바로잡는 것도 중요하지만, 국가에 의해 결코 안전을 보장받을 수 없는, 오히려 위협받기 쉬운 인간의 삶의 취약성에 주목하는 것이 곧 탈핵 운동의 출발점이기도 하다.

문재인 대통령이 2017년 6월 19일 부산 고리원전 1호기 영구정지 기념식에 참석하여 탈핵을 선언했다. 인간 생명의 존엄성을 중시하고 우리나라 국민의 안전을 위해 신규 핵발전소 계획 백지화, 노후한 원전의 수명연장 금지, 원전 내 최다 이물질이 발견된 월성 1호기의 조기 폐쇄 등을 발표했다. 문 대통령의 발표는 전 정부에서 일방적으로 추진해 온 핵 발전 확대정책에 대전환을 예고하는 반가운 소식임에 틀림없다.

　나아가 정부는 공정률이 상대적으로 낮은 신고리 5, 6호기 공사를 중단하고, 공론화위원회를 구성하고 시민 배심원단에 의한 공론조사를 하겠다고 발표했다. 대통령의 탈핵 선언 이후 우리 사회는 에너지 문제에 대해 유례없는 치열한 논의를 벌이고 있다. 이번 기회에 시민들에게 에너지 정책과 핵 발전에 대한 자료를 공정하고 투명하게 공개하고, 정보 공유를 통해 더 나은 대안을 찾을 수 있는 계기를 마련해야 한다. 그리고 탈핵 사회를 어떻게 만들 것인가에 대한 로드맵도 만들어야 한다. 이 로드맵에서는 시민들도 참여하여 탈핵의 다양한 방식과 적절한 시기를 결정할 수 있는 절차가 중시되어야 한다.

　탈핵은 40년 이상 핵 발전을 중심으로 구축해 온 우리 사회의 시스템을 개혁하는 중대한 일이다. 탈핵을 추진하는 데 있어서 대체 에너지의 전환은 단순하게 핵 에너지와 화석연료를 재생가능 에너지로 바꾸는 데 그치는 것이 아니라, 에너지를 생산하고 소비하는 방식, 산업과 경제구조, 에너지 가격과 정책, 시민들의 인식과 소비 행태 같은 사회·경제·기술 시스템 전체를 전환해야 하는 중차대한 일이다.

　정부의 발표에 의하면 다행히 향후 5년간은 피크수요 관리만 잘하면 전기가 부족하지 않을 정도로 발전설비는 충분하다고 한다. 또한 대체 에너지원인 풍력과 태양광 같은 재생가능 에너지

발전 단가도 서서히 떨어지고 있어, 지금이야말로 대체 에너지원을 적극적으로 고려해 볼 수 있는 시기라고 생각된다. 문재인 정부는 우리 사회가 탈핵으로 안전하고 건강한 사회로 나아갈 수 있도록 그 기반을 닦아 우리나라에 걸맞은 로드맵을 제시해 주기를 기대해 본다.

# 왜 우리 공직자들은
# '아니오(No)'라고
# 외치지 못하는가?

지난번 외신 가운데 트럼프 미 대통령의 행정명령을 거부해 자리에서 쫓겨난 예이츠 전 법무장관 대행의 기사가 신선한 충격으로 아직도 기억에 남아 있다. 예이츠 장관 대행은 "행정명령을 변호하는 게 정의를 추구하는 법무부의 책임과 일치한다는 확신도, 행정명령이 합법적인지에 대한 확신도 없다"라는 말을 남기며, 대통령의 납득할 수 없는 명령에 단호하게 "노(No)"라고 외쳤다. 이에 트럼프 대통령은 예이츠를 전격 해임했다. 장관 직(職)을 건 예이츠의 '항명'에 대해 《워싱턴포스트(WP)》지는 "권력자보다는 법질서를 존중하는, 그리고 권력으로부터 독립적인 그의 성향이 그대로 나타난 것"이라고 높이 평가했다. 그는 정권에 충실히 따르는 영혼 없는 공무원이 아니라, 사회 정의를 실천하는 공직자의 길을 선택했던 것이다.

이와 같은 예이츠의 행동은 우리나라에서 보기 힘든 공무원의 모습으로서 시사하는 바가 매우 크다. 문화예술계 관계자들을 색출해 정부 지원을 배제하는 일명 '블랙리스트' 작업을 한 문화체육관광부의 전·현직 공무원들이 잇단 수사를 받고 있다. 보건복지부 공무원들도 삼성 경영권 승계와 관련하여 부당한 압력을 국민연금에 행사한 이유로 특검 조사를 받고 있다. 이들 모두 윗사람의 지시에 따라 일했을 뿐이라고 강하게 항의하고 변명했지만, 소신 없는 공무원들의 모습을 여실히 보여줬다.

그러나 또 다른 시각에서는 공무원에 대한 동정론을 말하기도 한다. 새롭게 정권이 바뀌면 정책도 당연히 바뀌어야 하는데, 이를 충실하게 추진할 수밖에 없는 공무원들도 이해해 줘야 한다는 것이다. 그 말도 일리는 있지만, 우리가 비난하고자 하는 사람들은 대다수의 성실한 공무원이 아닌, 자신만의 출세를 위해 수단과 방법을 가리지 않고 공무원의 직분도 망각한 권력자의 앞잡이가 되는 사람들이다. 이들은 대의를 위한 정책보다는 권력자 개인에게 맹목적으로 충성하는 조직원처럼 움직이고, 나아가 부하 직원에게는 생각도 하지 말고 시키는 대로 하라는 영혼 없는 공무원의 모습을 강요하기도 한다.

대한민국 헌법 제7조에는 "공무원은 국민 전체에 대한 봉사자이며, 국민에 대해 책임을 진다"고 되어 있다. 공무원은 소수의 권력집단이나 소속기관의 상부조직에 봉사하는 것이 아니라, 오로지 국민만 바라보고 국민을 위한 봉사를 해야 한다.

국정농단 사태에서도 알 수 있듯이, 담당 공무원들이 강하게 반발했던 사안은 결국 실행에 옮기지 못했다. 일명 '미운 오리 새끼의 부활'이라고 불리는 윤석렬(현 서울중앙지방검찰청) 지검장과 노태강(현 문화체육관광부) 제2차관은 우리에게 법질서를 지키는, 사회정의를 실천하는 공직자의 모습을 보여주었다. 이렇게 소신을 지킨 공무원이 높이 평가받게 된 이유는 정권이 바뀌었기 때문이다. 따라서 정권이 바뀌지 않아도 상부의 지시가 불합리하고 불법적이라고 판단되어 정책의 추진을 거부하는 공무원을 제도적으로 보호해 줄 수 있는 강력한 법적 장치를 마련해야 한다. 그래야만 공무원들도 납득할 수 없는 사안이나 불공정한 개입·지시에 단호하게 거부하고 소신 있게 정책을 추진해 나갈 수 있을 것이다.


## 공인(公人)이란!

공인의 사전적 의미는 공적인 일에 종사하는 사람이다. 국가나 사회를 위해 일한다는 뜻이다. 공인은 좁은 의미에서는 공직자나 정치인을 지칭하지만, 공적 목표의 증진이라는 넓은 의미에서 보면 학자(교수), 법조인, 기업인까지 포함해서 생각할 수 있다.

원로 교육학자인 정범모 교수는 『내일의 한국인』(2011)에서 다음과 같이 말하고 있다. "본래의 우리나라 학교 교육 시스템의 핵심은 미국 19세기 초 토크빌이 통찰했던 미국 학교 교육의 특질, 즉 공적 생활에 필수적인 자질, 공인을 기르는 것이 주목적이었다. 그러나 지금의 우리의 교육은 그러한 핵심은 어디론가 사라졌고 전적으로 개인적인 출세나 치부의 수단으로 변질되어 왔다"고 지적하고 있다.

올바른 개인을 육성하는 일은 본받을 수 있는 훌륭한 모범을 어른들이 보여주는 데서 시작해야 하는데, 이 나라 청년들은 존경할 만한 어른이 없다고 말했다. 우리 주변을 돌아보면 지도층의 지위에 있는 사람들이 온갖 탈법과 비리, 기만, 시기, 부정직한 욕망의 온상이 되어 있는 것이 현실이기 때문이다. 정 교수는 공인교육의 핵심인 도덕학습·정서학습이 모방학습에 결정적인 중요성을 지닌다고 말했다.

《교수신문》이 2012년 전국의 대학교수 550명에게 '우리 시대 공인에게 필요한 덕목이 무엇인지'를 인성, 태도, 능력의 세 가지 측면으로 나눠서 물어보았다. 교수들이 보는 우리 시대 이상적인 공인의 상은 어떤 모습일까. 인성적 측면에서 공인에게 가장 필요한 덕목으로 '신뢰'(25.9%)를 1위로 꼽았다. 그 다음으로 '책임감'(22.7%)과 '정직'(22.4%)이라는 대답이 비슷한 비율로 나타났다.

그러나 좀 더 세분화시켜서 본 고위 공무원의 경우는 인성에서 '청렴'이 절반에 가까운 48.4%의 압도적인 수치로 높게 나타났다. 가장 부족한 덕목에서도 '청렴'이 31.8%로 높게 나왔다. 시대가 바뀌어도 공무원에게 요구되는 최고 덕목은 청백리(淸白吏)인 것이다.

앙케트 결과를 살펴보면 고위 공무원은 청렴하고 공정해야 하며, 소통 능력을 갖춰야 한다. 교수는 전문성이 가장 요구되며, 책임감과 합리성이 필요하다. 기업인은 추진력을 갖추되 책임감과 공동체 의식을 가져야 하고, 법조인은 정직하고 공정해야 하며, 갈등이나 이해관계를 조정할 수 있는 능력을 갖춰야 한다. 정치인 역시 소통 능력과 갈등·이해관계 조정 능력, 준법정신을 갖춰야 국민들에게 신뢰를 줄 수 있다.

공인에게는 여전히 전문적인 능력이 중요하지만, 인성이나 태도로 그 무게추가 옮겨가고 있는 것 같다. 실제로 이정희 한국외국어대 교수(정치학)는 "물론 전문성도 중요하지만 이 시대, 이 사회가 필요로 하는 공인은 도덕성을 지녀야 한다"라고 강조했다. 다산 정약용 선생은 『목민심서(牧民心書)』에서 "윗사람의 명령이 공법(公法)에 어긋나고 민생에 해를 끼치는 일이라면, 마땅히 의연하게 굽히지 말고 확연히 자신을 지켜야 한다"고 말했다.

존경받을 수 있는 공인은 도덕성과 자긍심을 가지고 소신 있게 행동해야 우리 사회도 건강해지고, 보다 성숙된 사회로 나아갈 수 있을 것이다. 이런 공인 교육은 학교에서, 사회에서, 국가에서, 나아가 우리의 가정에서 동시에 전개돼야 할 시대적 과제이다.

# 좋은 나라는
# 그냥 만들어지지
# 않는다

　19대 대통령 선거도 끝나고 온 국민의 기대와 열망을 담아 희망찬 새 정부가 시작되었다. 우리는 이번 대선을 통해 국민과 사회통합이 우리 사회에서 해결해야 할 최우선 과제라는 것을 다시 한 번 확인했다. 과거 정부가 이런 통합에 실패한 원인 중의 하나가, 통합이라는 의미를 너무 단순하게 계층과 세대, 지역을 인위적으로 나눠 골고루 섞는다는 안일한 인식으로 접근했기 때문은 아닌지, 다시 한 번 진지하게 재고해 봐야 할 것이다.

　이번 새 정부는 과거 정부의 실패를 반면교사로 삼아 국민과 사회적 통합에 대한 새로운 가치와 패러다임을 만들어 가야 할 것이다. 또한 구체적이고 실질적인 정책을 바탕으로 효율적인 통합을 할 수 있도록 하여, 상처받고 분열된 민심을 하나로 모아 사회 갈등을 봉합하도록 노력해야 한다.

우리 정치의 고질적인 폐단 중의 하나가 진보와 보수, 좌와 우의 편 가르기로 줄을 세워 서로 극단적인 대립으로 분열을 초래하는 것이다. 사실 이데올로기적 도그마에 갇혀 있는 국민은 극히 소수이다. 그들 대부분은 사안에 따라 어떤 문제에서는 보수적이고, 또 다른 문제에서는 진보적이다. 예를 들면 사드 배치에는 찬성하지만, 법인세를 인하하거나 공공 일자리를 늘려야 한다고 생각하는 등, 사안에 따라 상반된 생각을 가지고 있다. 실제적으로 우리나라에서 보수와 진보의 이념을 자세히 들여다보면 그렇게 큰 차이를 느끼게 하지는 않는다.

"기회는 평등할 것입니다. 과정은 공정할 것입니다. 결과는 정의로울 것입니다."라고 문재인 대통령은 선언했다. 대부분의 국민들은 이 이야기에 전적으로 동감하며, 이런 과정을 통해 평등하고 공평하며 계층 갈등을 줄일 수 있는 사회로 변화해 가기를 기대하고 있다. 그러나 기회의 평등을 만드는 일은 그렇게 간단하게 생각할 일이 아니다. 왜냐하면 우리 사회가 극심한 양극화 상황에 처해 있고, 심각한 세대 균열로 사회경제적 갈등을 겪고 있기 때문이다.

영국 경제학자인 존 스튜어트 밀조차도 자유경쟁 원리라는 것은 "기회는 평등하게 주되 결과마저 평등하도록 강요할 수는 없다"라고 말하고 있지 않은가. 자유경쟁 시대에서 개인의 절망적인 상황을 해소시켜 주는 것은 결코 녹록지 않은 과제라는 것을 알

수 있다. 특히 불평등이 고착화된 우리 사회에서는 부모의 능력(자산 등)이 결국 자식의 미래를 결정짓는 결정적인 요인이 된다. 금수저, 흙수저 등의 어휘가 생겨나는 이유이기도 하다. 사회적 갈등이란 기본적으로 나누어 먹을 자원이 점점 희소해지는 상황에서 발생하기 때문이다. 결국 교육의 불평등이 소득의 불평등으로 이어지는 악순환이 되풀이되어 계층이동의 사다리를 끊어 버리고, 계층 간의 적대감과 불신감을 키워서 대의민주주의의 근본을 위협하게 된다.

우리는 정의에 관련된 말(어휘)로 공정이나 공평이라는 말을 쓴다. 일반적으로 공정을 교육이나 취업 같은 인생의 스타트 라인, 즉 절차적 정의라고 말한다면, 공평은 납세나 복지 등 피니쉬 라인의 균형이나 형평으로 결과적 정의를 의미한다고 볼 수 있다. 우리 모두가 지향하는 정의 사회라는 것은 이 두 가지 측면, 즉 절차적 공정성과 결과적 공평성을 모두 배려하는 그런 사회가 아닐까.

## 우리는 성공한 대통령을 보고 싶다

새 정부가 시작된 지도 벌써 서너 달이 지났다. 이번 문재인 정부의 키워드는 겸허, 소탈, 진실, 소통, 화합을 표방하고 있다.

지금까지 새 정부가 보여준 파격적인 모습은 우리에게 신선한 충격까지 느끼게 했다. 그리고 겸손과 진정성으로 공직사회, 야당 등과의 소통, 공감을 강조하며 협치의 틀을 만들겠다고 약속했다.

지난 정부들도 항상 초심은 좋았지만, 세월이 지나면서 국민과의 공감대를 충분히 형성하지 못하고 대부분 실패로 끝난 정책들이 많았다. 후대 세대에 인정받을 수 있는 역사적 소명보다는, 5년이라는 임기 내에 어떻게든 업적을 이루려는 조급성 때문이었다. 우리 국민들은 대한민국에서 성공한 대통령이 나오길 기대한다. 그것은 우리들에게는 자긍심을 심어 주며, 대내외적으로는 국격이 올라가는 일이기 때문이다. 내가 살아 있을 때 진보든 보수든 상관없으니, 역사적으로 기록에 남는 유능하고 국민들로부터 존경받는 대통령이 나왔으면 하는 바람이다.

새 정부는 장기적인 안목으로 5년 뒤 다음 정부가 바뀌어도 지속될 수 있는 성공적인 정책을 만들어야 한다. 이는 새 정권의 과제만이 아니라, 나라의 미래 생존이 달려 있는 국가의 과제이며, 국민의 요구이기도 하다. 이런 정책들을 만드는 과정에서 중요한 것은 정부, 시장(市場), 시민사회의 다양한 이해 당사자가 수평적 동반자로서 서로 타협하고 협력하여 올바른 의사결정을 해야 한다는 점이다.

아르헨티나의 사회운동가 피아 만치니(Pia Mancini)는 최근 출간된 『듣도 보도 못 한 정치』(2016)에서 "21세기에 사는 우리는, 15

세기의 정보기술을 바탕으로 19세기에 고안된 정치제도 속에서 살아간다. 이 시스템의 특징은 500년도 더 전에 만들어진 정보기술(활판 인쇄술)에 맞춰 설계돼 있다는 것이다. 이런 시스템으로 할 수 있는 최선이라고는, 극히 소수가 다수의 이름으로 매일매일 중대사를 결정하는 것이다. 다수가 할 수 있는 일은 2년에 한 번 투표하러 가는 것밖에 없다. 이런 정치 시스템에 참여하는 비용은 놀라울 정도로 높다. 정치를 하려면 상당한 재력과 영향력을 갖추고, 인생 전체를 정치에 걸어야 한다. 정당의 일원이 돼야 하고, 서열이 올라가기를 천천히 기다려야 한다. 언젠가 의사결정을 할 수 있는 테이블에 앉는 그날이 올 때까지"라고 말했다.

인터넷으로 쇼핑을 하고 실시간으로 다양한 정보를 공유하는 이 시대에 아직까지도 뒤떨어진 낡은 정치제도를 답습하고 있다는 것은 심각한 우려 거리가 될 수밖에 없다. 예를 들면 미국 정치는 200년 전에 고안된 대의정치를 아직도 여전히 고수하고 있다. 미국 대통령 트럼프는 미합중국 초기의 복잡하고 이상한 낡은 선거 제도로 다른 공화당 후보를 제치고 당선되었지만, 기존의 정치인들은 이 모순된 제도를 존중하며 어떠한 이의도 제기하지 않았다. 미국이 처해 있는 상황과 우리들의 현 상황도 크게 다르지는 않다. 따라서 변화를 두려워하는 직업 정치인들에게 이대로 정치를 맡겨 둘 수 없다. 이제는 시민들이 직접 국가 운영 시스템에 참여할 수 있는 현실적이고 실질적인 방안을 모색해야 한다.

세월호 참사 이후 시민 600만 명이 특별법 서명에 한마음으로 동참했다. 이 서명은 법적 구속력이 없는 단순 청원이었다. 핀란드와 에스토니아에선 시민들이 직접 발의할 수 있는 '시민 입법권'이 있다. 우리에게도 이와 같은 '시민 입법권'이 있었다면, 국가가 이 지경이 되어 세월호 가족들에게 치유될 수 없는 마음의 상처를 주지는 않았을 것이다. 개탄할 노릇이다.

　우리나라의 대통령제는 대통령이 입법, 사법, 행정의 모든 영역에서 막강한 영향력을 휘두를 수 있는 제왕적 권력제도이다. 그래서 이런 절대적인 권력이 많은 문제를 야기시키고 있다. 민주화 이후의 거의 대부분의 대통령(가족)들이 이런 제왕적 권력을 남용하여 국정을 그르쳐 버린 경우가 많았던 것도 사실이다. 그렇기 때문에 대통령에게 집중된 과도한 권력을 분산시키고, 확실한 견제 장치를 제도화해야 할 필요가 있다.

　그러나 이런 막강한 영향력이 있는 제왕적 대통령 제도를 고친다고 모든 문제가 해결될 수 있는 것은 아니다. 어떤 대통령으로 바뀐다 해도 기존의 정치체제와 시스템을 전면적으로 바꾸지 않는 한, '덜 나쁜 사람' 찾기라는 정치공학적 땜질에 불과하기 때문이다. 또한 정책 책임자들이 책임을 회피하기 위해 모든 것을 제도의 탓으로만 돌리려는 태도로는 그 어떤 것도 바로잡을 수 없다. 우리의 현실은 철저하게 외면하고, 지금까지 타성에 젖어 오로지 남의 제도를 겉으로만 흉내 내는 일에 급급했던 국회의원·관료·전문가들의 무책임한 허언을 경계하지 않으면 안 된다.

우리나라의 보수층에서 지지하는 포퓰리즘의 정책은 신자유주의 정책(글로벌리즘)의 폐단에 대한 반동으로 나타난 현상이라고도 볼 수 있다. 세계적으로 국경을 넘어 사람, 사물, 돈의 움직임이 둔해졌다. 영국의 EU 탈퇴나 미국의 트럼프 현상, 프랑스의 루펭의 약진 등, 반 글로벌리즘을 앞세운 포퓰리즘의 폭풍에 글로벌화도 드디어 끝나는 시대가 도래한 것이다. 그동안 세계적으로 지향해 온 글로벌화가 남긴 것은 산산조각 난 국민과 흩어진 사회의 분열이다. 아직까지도 글로벌화의 공상에서 깨어나지 못하고 있는 한국이나 일본의 운명은 어둡기만 하다.

2016년 영국의 EU 탈퇴를 둘러싼 국민투표는 보수당과 노동당 두 정당이 EU의 잔류를 표명하고 또 많은 사전 예측에서도 잔류를 점쳤지만, 예상을 뒤엎고 이탈파가 승리했다. 같은 해 미국 대통령 선거에서도 정치가의 경험도 없고 공화당의 주류파조차도 반발하던 트럼프가 승리를 해서 전 세계를 깜짝 놀라게 했다. 또한 2017년 프랑스 대통령 선거에서는 국민 전선의 마린 루펭이 결선투표까지 남아 기존의 큰 정당의 후보들은 결선투표에조차 참여할 수 없었다.

이와 같이 영국·미국·프랑스 모두 기존 정당의 기반이 크게 동요하고 있다. 그리고 주류파인 정치가·관료·재계·지식인·매스미디어라고 하는 소위 엘리트들의 예측이나 기대를 저버리는 예상치 못한 사태가 빈번히 일어나고 있다. 왜 엘리트들은 잘못된 예측을 계속하는 것일까? 엘리트들의 세계관이나 사상의 좌표축에 커다란 회오리바람이 생겨나고 있다고밖에 말할 수 없다. 바꿔 말하면, 이것은 민주주의의 제도적이고 절차적인 문제해결 과정에 대한 불신으로 이해할 수 있다. 또한 트럼프는 오늘날 미국 시민들이 처한 상황을 대재앙(carnage)으로 묘사하면서, 구체적으로 어떤 문제가 시민들의 삶을 위협하고 있는지에 대해서는 설명하지 않았다. "미국 시민들의 대재앙은 바로 지금, 여기에서 멈추게 될 것이다(American carnage stops here and now)"라고만 언급했다. 그의 이런 정치적 연설 방식에 대해 인디애나대학 정치학 교수인 제프리 아이작 교수는 트럼프의 이런 정치적 연설 방식은 시민들의 반 정치적 정서에 호소하는 포퓰리즘의 전형적인 레토릭(수사법)과 일치하는 것으로 볼 수 있다고 분석했다.

또한 위에서 언급한 트럼프 대통령의 연설에 대해 『포퓰리즘은 무엇인가?』(2017)의 저자 펜실베니아대학 얀 베르너 뮐러 교수는 포퓰리즘의 근본적인 속성을 반 다원적(획일적)이고 반 자유적인, 그리고 반 엘리트적인 정서를 결합한, 정치에 대한 일원론적인 해석의 시도로 규정하고 있다. 이런 현상을 자세히 들여다보면, 2000년대 후반부터 상승하고 있는 유럽과 미국 내 우파들의 레토릭에 이런 포퓰리즘의 특성이 그대로 나타나고 있다.

아이작 교수도 미국 사회에서 나타나고 있는 포퓰리즘에 대한 우려를 언급하면서 온라인 웹진 퍼블릭 세미나(www.publicsemi-nar.org)에 '정치학자들이여, 강의실에서 반대운동과 저항을 가르치자'라는 글을 기고했다. 그리고 이 내용의 연장선상으로 '어둠의 시기'라는 세미나를 통해서 트럼프 현상을 이해하기 위한 실천적인 동시에 이론적인 틀을 고민하고, 일상적인 정치적 토론과 시민운동에 기여할 수 있는 지적인 능력을 쌓아 나아가자고 제안했다.

올해는 박정희 전 대통령의 탄생 백 주년이 된다. 역사적으로 평가가 극단적으로 공(功)과 과(過)로 양분화되어 있는 박 대통령을 우리는 좀 더 객관적으로 냉정하게 평가해야 한다고 생각한다. 그의 공은 우리나라가 가난하고 암울하던 시기에 조국 근대화에 기여했으며, 새마을 운동으로 오늘날의 경제성장을 이룰 수 있는 초석을 다진 것이다. 한편 과는 독재정권의 장기집권으로 유신헌법을 만들어 많은 인권을 유린하고 탄압했으며, 민주화로 가는 길을 늦추었다는 것이다. 지금까지 박정희 대통령에 대한 대부분의 평가는 각자 자신들의 입장만 생각하는 지나치게 편향되고 극단적인 시각이었다. 이제 우리는 지나온 역사에 대해 감성적이고 감정적인 시각이 아니라, 객관적이고 이성적이며 냉정한 평가를 하고, 또 서로를 포용하며 미래 지향적인 마음을 가지는 것이 중요하다. 이는 우리나라가 바람직한 사회 통합으로 향하는 하나의 길이기도 하다.

세계적으로 국민들의 존경을 받고 있는 지도자는 많다. 영국의 처칠 수상, 프랑스의 드골 대통령, 미국의 아브라함 링컨 대통령은 지금도 국민들로부터 추앙받는 지도자들이다. 적절한 시기에 스스로 자리에서 퇴임한 싱가포르 리관유 총리는 품격 있는 지도자라는 평가를 받는다. 그는 나설 때와 물러설 때를 현명하게 판단할 줄 아는 지혜로운 국가 지도자였기 때문이다. 동독 출신으로 독일의 여성 총리인 앙겔라 메르켈 총리도 유능한 지도자로서 국민들의 많은 지지를 받으며 장기 집권을 하고 있다.

앞으로 대한민국의 새로운 지도자는 지혜롭고 겸허하고, 국민 앞에 군림하지 말고 낮은 자세로 임해야 한다. 우리 모두가 추구하는 기회는 평등하고, 과정은 공정하고, 결과는 정의로운 사회를 이루어야 한다. 그리고 모두를 끌어안는 새로운 정치, 새로운 나라를 위한 개혁과 통합의 대장정에 나서야 할 것이다.

에 / 필 / 로 / 그

백범 김구 선생은 그의 글 '내가 원하는 우리나라'에서 "오직 한없이 가지고 싶은 것은 높은 문화의 힘이다"라고 했다. 선생의 말에 깊이 공감하며, 존경의 의미를 담아, 이 글의 마무리를 선생의 글로 대신하고자 한다.

## 나의 소원

백범 김구

내가 원하는 우리나라

나는 우리나라가 세계에서 가장 아름다운 나라가 되기를 원한다. 가장 부강한 나라가 되기 원하는 것은 아니다. 내가 남의 침략에 가슴이 아팠으니 내 나라가 남을 침략하는 것을 원치 아니한다. 우리의 부력(富力)은 우리의 생활을 풍족히 할 만하고, 우리의 강력(强力)은 남의 침략을 막을 만하면 족하다. 오직 한없이 가지고 싶은 것은 높은 문화의 힘이다. 문화의 힘은 우리 자신을 행복하게 하고 나아가서 남에게 행복을 주기 때문이다.

지금 인류에게 부족한 것은 무력도 아니오, 경제력도 아니다. 자연과학의 힘은 아무리 많아도 좋으나, 인류 전체로 보면 현재의 자연과학만 가지고도 편안히 살아가기에 넉넉하다. 인류가 현재에 불행한 근본 이유는 인의가 부족하고 자비가 부족하고 사랑이 부족한 때문이다. 이 마음만 발달이 되면 현재의 물질력으로 20억이 다 편안히 살아갈 수 있을 것이다. 인류의 이 정신을 배양하는 것은 오직 문화이다.

나는 우리나라가 남의 것을 모방하는 나라가 되지 말고, 이런 높고 새로운 문화의 근원이 되고 목표가 되고 모범이 되기를 원한다. 그래서 진정한 세계의 평화가 우리나라에서, 우리나라로 말미암아서 세계에 실현되기를 원한다. 홍익인간(弘益人間)이라는 우리 국조(國祖) 단군(檀君)의 이상이 이것이라고 믿는다. (중략)

이것은 우리 국민 각자가 한 번 마음을 고쳐먹음으로 되고, 그러한 정신의 교육으로 영속될 것이다. 최고 문화로 인류의 모범이 되기로 사명을 삼는 우리 민족의 각원(各員)은 이기적 개인주의자여서는 안 된다. 우리는 개인의 자유를 극도로 주장하되, 그것은 저 짐승들과 같이 저마다 제 배를 채우기에 쓰는 자유가 아니오, 제 가족을, 제 이웃을, 제 국민을 잘살게 하기에 쓰이는 자유다. 공원의 꽃을 꺾는 자유가 아니라, 공원에 꽃을 심는 자유다.

우리는 남의 것을 빼앗거나 남의 덕을 입으려는 사람이 아니라, 가족에게, 이웃에게, 동포에게 주는 것으로 낙을 삼는 사람이다. 우

리말에 이른바 선비요, 점잖은 사람이다. (중략)

동포 여러분! 이런 나라가 될진대 얼마나 좋겠는가. 우리네 자손을 이런 나라에 남기고 가면 얼마나 만족하겠는가. 옛날 한토(漢土)의 기자(箕子)가 우리나라를 사모하여 왔고, 공자께서도 우리 민족이 사는 데 오고 싶다고 했으며, 우리 민족을 인(仁)을 좋아하는 민족이라 했으니, 옛날에도 그러했거니와, 앞으로도 세계 인류가 모두 우리 민족의 문화를 이렇게 사모하도록 하지 아니하려는가.